Carl Hau

Das Todesurteil

OK Publishing 2021

Carl Hau

Das Todesurteil

Wahre Verbrechen "Die Geschichte meines Prozesses"

MUSAICUM
Books

- Innovative digitale Lösungen & Optimale Formatierung -
musaicumbooks@okpublishing.info

2021 OK Publishing

ISBN 978-80-272-4948-0

Inhaltsverzeichnis

Kapitel 1. Die Verhaftung

Sechs Uhr schlug Big Ben auf dem nahen Turme des Parlamentsgebäudes von Westminster, als ich aus der Droschke stieg, die mich von Charing Cross nach dem Hotel Cecil gebracht hatte. Am Bahnhof war niemand gewesen, obwohl ich von Brüssel aus die Stunde meiner Ankunft telegraphiert hatte.

Im Bureau händigte man mir die während der fünf Tage meiner Abwesenheit auf dem Kontinent eingelaufenen Briefschaften aus und meldete mich durchs Telephon meiner Frau an, die sich oben in unserem Appartement befand. Sie kam mir bis zum Aufzug entgegen.

Ihr Gesicht hatte einen Ausdruck von Unruhe, fast Verstörtheit, in der Hand hielt sie zwei Telegramme aus Baden-Baden, von denen das erste die Nachricht enthielt, daß ihrer Mutter ein Unglück zugestoßen sei, und das zweite die Aufforderung, so bald als möglich nach Baden-Baden zu kommen. Unterschrift: Olga. Was ich davon hielte?

Ich wußte mir keinen Vers daraus zu machen. Daß ich vor knapp vierundzwanzig Stunden ihre Mutter noch heil und gesund gesehen hatte, durfte ich meiner Frau nicht sagen. Und deshalb konnte ihr inzwischen ja doch etwas zugestoßen sein.

Was zu machen sei? Ob wir die für Ende der Woche belegte Kabine wieder abbestellen sollten? Schon einmal hatten wir unsere Abreise von Liverpool um acht Tage verschoben, weil ich noch einmal nach dem Kontinent zurück mußte; jetzt war keine Zeit mehr zu verlieren, ich wurde in Washington mit Ungeduld erwartet. Also nur im äußersten Notfall eine weitere Verzögerung. Um nähere Auskunft ersuchen, einen Tag oder zwei abwarten. Der Dampfer fuhr Samstag, heute war Mittwoch.

Im Wohnzimmer war der Tee serviert. Wir saßen in gedrückter Stimmung, Vermutungen austauschend über das, was in Baden-Baden passiert sein könne. Die Nurse kam und brachte das Kind mit, das den heimgekehrten Vater stürmisch begrüßte.

Da klopfte es. Der Hoteldirektor steckte mit einer heftig gestotterten Bitte um Entschuldigung den Kopf herein und bat mich, auf einen Augenblick herauszukommen.

Es seien drei Herren von Scotland Yard da, die mich zu sehen verlangten, teilte er mir mit, während wir den Vorsaal durchschritten. Wirklich, im Korridor draußen standen drei Individuen, zwei jüngere und ein älteres, das mit der bekannten Polizeibeamtenmiene an mich herantrat, sich als Inspektor Smith von Scotland Yard legitimierte und mich fragte, ob ich der Mr. Stan aus Washington sei, gegen den er einen Haftbefehl habe.

Mr. Stan aus Washington? Nein, der sei ich nicht. Und schon mischte sich der Direktor, der sich sichtlich nur mit Mühe zurückgehalten hatte, ein und ließ einen erregten Wortschwall los: Er habe es ja gleich gesagt, daß es ein Irrtum sein müsse; er finde es unerhört, daß man den Ruf seines Hotels in so leichtfertiger Weise aufs Spiel setze; er werde sich beim Commissioner beschweren und nötigenfalls bis ans Home Office gehen.

An Mr. Smith floß der ganze Schwall ab wie Wasser von einem Wachstuch. Er stellte meinen Namen fest und meinte dann, es liege hier offenbar ein Versehen des Beamten vor, der das Telegramm, das meine Verhaftung verlange, aufgenommen habe. Mehr Eindruck machte es auf ihn, als ich darauf hinwies, daß nach dem Gesetz Haftbefehle sehr strikt zu interpretieren seien und ein Hinausgehen über den Buchstaben unstatthaft sei. Er wurde nachdenklich und fragte, wie ich zu einer so genauen Kenntnis des englischen Rechts käme. Nun, ein amerikanischer Anwalt wird doch wohl einige Kenntnis des englischen Rechts haben dürfen. So, so, amerikanischer Anwalt. Er stand unschlüssig, an seinem grauen Schnurrbart nagend, die beiden Satelliten zogen sich zurück, der Direktor fing wieder an zu schimpfen, es sah fast so aus, als ob die Sache enden würde wie das Hornberger Schießen; da verdarb ich alles durch die neugierige Frage, woher denn das Telegramm, das meine Verhaftung verlange, gekommen sei. Eigentlich hätte der Inspektor mir das gar nicht mitteilen dürfen, aber er hatte seine Sicherheit verloren und antwortete ziemlich kleinlaut: „Aus Deutschland. Von der Staatsanwaltschaft in Karlsruhe."

„Was?" rief ich aus, „von Karlsruhe? Da komme ich ja gerade her."

Seine Züge erhellten sich. „Sie sind eben vom Kontinent angekommen?"

„Ja."

„Und Sie waren in Karlsruhe?"

„Ja."

„So sind Sie ohne Frage der Gesuchte. Nein, nein, da kann gar kein Zweifel sein. Ich muß Sie verhaften. Wenn Sie gegen den Haftbefehl, wie er jetzt lautet, Protest einlegen, lasse ich Sie hier unter der Obhut meiner Begleiter und besorge in kürzester Zeit einen anderen auf Ihren richtigen Namen."

Daraufhin erklärte ich mich bereit, ihm nach Bowstreet aufs Polizeigericht zu folgen, wo sich ja binnen vierundzwanzig Stunden alles aufklären müsse. Er war sehr befriedigt, hatte auch keine Einwendungen zu machen, als ich um die Erlaubnis bat, mich von meiner Frau verabschieden zu dürfen. Er unterließ es sogar, mich ins Zimmer hineinzubegleiten, obwohl er doch nicht wissen konnte, ob dasselbe nicht einen zweiten Ausgang habe.

Der Abschied war kurz, ich bat meine Frau, am nächsten Morgen aufs Polizeigericht zu kommen, nahm das Kind vom Boden auf und küßte es zum letztenmal.

Im Korridor draußen beschwor der Hoteldirektor den Mann des Gesetzes händeringend, er möge mich doch so unauffällig wie möglich aus dem Hause herausbringen; wahrscheinlich schwebte ihm vor, man werde mich mit Ketten beladen durch die Lobby schleifen, so wie man in früheren Jahrhunderten die Verbrecher nach Tyburn befördert hatte. Aber Mr. Smith warf sich in die Brust, erklärte, er hoffe, man werde ihm zutrauen, daß er wisse, wie er einen Gentleman zu behandeln habe, gab seinen beiden Gehilfen einen Wink, sich in respektvoller Entfernung zu halten, trat mir zur Seite und lud mich mit einem höflichen: „Wenn ich bitten darf, mein Herr", ein, den Vormarsch zu beginnen. Während wir die Treppe hinuntergingen, bemühte er sich, ein harmloses Gespräch in Gang zu bringen.

Unten in der Lobby hatte ich eine interessante Begegnung. Ein Bekannter aus Washington, den wir in London zufällig getroffen und mit dem wir vereinbart hatten, gemeinsam die Rückreise zu machen, kam mit lautem Gruß auf mich zu und rief, indem er mir mit Vehemenz die Hand schüttelte: „Endlich zurück vom Kontinent? Hielt schon lange Ausschau nach Ihnen. Sie gehen doch nach dem Essen mit in die Alhambra?"

Ich lehnte dankend ab. Heute abend sei es mir leider nicht möglich, da ich bereits anderweitig engagiert sei. Mr. Smith war ein paar Schritte beiseitegetreten, ich sah, wie er bei diesen Worten ein Lächeln nicht unterdrücken konnte. Der Amerikaner musterte ihn und mich jetzt etwas genauer und merkte, daß hier etwas nicht in Ordnung sei. Einen Augenblick war ich versucht, ihm zu eröffnen, daß ich den Abend, anstatt im Theater, im Polizeigewahrsam von Bowstreet verbringen würde, das Gesicht, das er gemacht hätte, wäre sicherlich sehenswert gewesen; aber dann hielt ich es doch für besser, von der Verhaftung nichts zu sagen, und verabschiedete mich, indem ich der Hoffnung Ausdruck gab, ihn am nächsten Tage zu sehen. Sonderbarerweise habe ich ihn nicht am nächsten, aber an einem der folgenden Tage noch einmal gesehen – unter Umständen, von denen weder er, noch ich in diesem Augenblick etwas ahnten.

Wir stiegen in einen Wagen und fuhren durch das dichte Menschengewühl der Straßen nach dem Ort, an dem sich ein großer Teil englischer Kriminalgeschichte abgespielt hat und der mir bisher nur aus Büchern bekannt war, den ich aber jetzt näher kennenlernen sollte, näher, als mir lieb sein konnte.

Kapitel 2. Bowstreet

Zum erstenmal begegnet ist mir Bowstreet in einem Essay Macaulays, ich entsinne mich noch gut der mit wenigen Strichen meisterhaft hingeworfenen Szene, die sich, wie so viele Stellen in den Werken dieses Historikers, dem Gedächtnis unvergeßlich einprägte. Später nahm dann die Bowstreet ihren Platz ein neben dem Tower, neben Newgate und der Old Bailey – Namen, die einen besonderen Klang haben in der englischen Rechtsgeschichte. Sie ergreifen und beschäftigen die Phantasie in ganz eigener Weise, diese altersgrauen Stätten, umwittert von einem trüben Dunst menschlicher Schuld und menschlichen Elends.

In einem kahlen, schlecht beleuchteten, mit üblen Gerüchen angefüllten Raum wartete eine Menge Vagabunden, Spitzbuben und Säufer, bis der diensttuende Beamte die Eintragung in das dicke Buch beendet hatte; von Zeit zu Zeit, wenn ein kleines Bündel von Delinquenten beisammen war, nahm sie ein dunkeluniformierter Charon in Empfang und geleitete sie über den Styx in die Unterwelt, wo sich mit dumpfem Krachen schwere eiserne Türen hinter ihnen schlossen. Es ging nicht ohne Heulen und Zähneknirschen ab. Indessen war das Verhalten der Beamten durchaus sachlich, ohne jede Schärfe. Wurde Zwang erforderlich, so blieb er so sanft wie möglich. Ich beobachtete alles mit lebhaftem Interesse.

Endlich kam auch ich an die Reihe. Meine Personalien wurden festgestellt, Mr. Smith schüttelte mir die Hand und übergab mich einem Aufseher, der mich in eine Zelle führte und einschloß. Jetzt hatte ich Zeit, über meine Lage nachzudenken.

Den größten Teil der Nacht hindurch wandelte ich in dem beschränkten Raum auf und ab; wenn die Ermüdung überhandnahm, setzte ich mich auf die Holzpritsche, die das ganze Mobiliar bildete. Mein Grübeln wurde immer wieder unterbrochen durch die Einlieferung neuer Häftlinge. Nur wenige ergaben sich ohne Klage in ihr Schicksal. Meist war es nichtiges Geschwätz, mit dem sie den Aufseher noch eine Weile festzuhalten suchten, ehe die Einsamkeit sie verschlang. War kein Dialog mehr möglich, so ergingen sie sich noch eine Zeitlang in allmählich absterbenden Monologen. Dann wurde es wieder grabesstill.

Wie war ich in diese Gesellschaft geraten? Meine anfängliche Überzeugung, daß ein Irrtum vorliege, machte, je weiter die Nacht fortschritt, einer bösen Ahnung Platz, die zwar noch ganz unbestimmt blieb, aber darum nicht weniger quälte. Irgend etwas mußte doch geschehen sein. Unangenehm im höchsten Grade war es schon, daß ich genötigt sein würde, meine Reise nach Baden-Baden einzugestehen, die ich vor meiner Frau zu verheimlichen wünschte. Ich hatte ihr gesagt, daß mich Geschäfte nach dem Kontinent riefen. Und ich hatte sie gebeten, dies vor jedermann geheimzuhalten. Das war ihr weiter nicht befremdlich vorgekommen, da meine Tätigkeit im Orient sie an derartiges gewöhnt hatte. Nur nach Baden-Baden sollte sie von meiner Reise Nachricht geben. Eine Ausnahme, der ein ganz bestimmtes Motiv zugrunde lag.

Woher wußte die Karlsruher Staatsanwaltschaft meine Londoner Adresse? Sie konnte dieselbe nur von meiner Schwiegermutter erfahren haben. Oder von meiner Schwägerin Olga.

Was mochte man mir zur Last legen? Es mußte etwas Schweres sein, sonst wäre die Verhaftung nicht telegraphisch angeordnet worden. Sollte es die Täuschung mit dem Pariser Telegramm sein, die man inzwischen vielleicht entdeckt hatte? Aber das war ja überhaupt nicht strafbar. Ebensowenig wie die Vermummung, in der ich mich nach Baden-Baden begeben hatte. Nein, es mußte etwas anderes sein. Etwas Wichtiges. Aber was?

Eine Begebenheit, die sich vor einigen Monaten zugetragen hatte, kam mir plötzlich in den Sinn. Während ich in Konstantinopel die Verhandlungen mit der türkischen Regierung führte, hatte ich eines Tages die Wahrnehmung gemacht, daß ich auf Schritt und Tritt von Spitzeln überwacht wurde. Aus dem Chef der geheimen politischen Polizei, Fahim-Pascha, den ich deswegen zur Rede stellte, war nichts herauszubringen. Ich vermutete, daß er die Komödie inszeniert habe, um Bakschisch zu erpressen. Als die Belästigung immer ärger wurde, ging ich mit dem amerikanischen Botschafter nach Jildis und beschwerte mich. Das half. Später erfuhr ich aus zuverlässiger Quelle, daß ich in einem Briefe denunziert worden war als Agent der Jungtürken und daß dieser Brief den Poststempel Baden-Baden getragen hatte.

Denkbar also, daß in Baden-Baden ein Feind saß. Denkbar, daß der jetzt ein zweites Mal versuchte, mir einen Knüppel zwischen die Beine zu werfen. Vielleicht hatte er bei der Staatsanwaltschaft eine lügnerische Anzeige gemacht. Nun, das würde sich ja rasch aufklären.

Mit Ungeduld sehnte ich den Morgen herbei. Endlich dämmerte es, der Aufseher schloß die Zelle auf, gab mir draußen Gelegenheit zum Waschen, brachte eine Tasse Kaffee und führte mich dann durch zahlreiche Gänge in den Teil des weitläufigen Gebäudes, in dem die Gerichtssäle sich befanden. Hier überlieferte er mich dem Jailer (Kerkermeister) von Bowstreet, einem schwarzbärtigen, freundlichen Mann mit Namen Bush. Mr. Bush geleitete mich in sein kleines Bureau, lud mich zum Sitzen ein und sagte, er bedaure sehr, mich in einer so mißlichen Lage zu sehen. Er hoffe, daß sich meine Verhaftung bald als ein Irrtum erweise. Mr. Smith von Scotland Yard sei schon in aller Frühe dagewesen und habe den Wunsch ausgesprochen nach einer Unterredung mit mir. Er könne jede Minute erscheinen. Für die Unterredung stelle er sein Zimmer bereitwillig zur Verfügung. Ich dankte ihm und bat ihn, wenn später meine Frau sich einfinden sollte, die gleiche Bereitwilligkeit an den Tag zu legen. Selbstverständlich, beeilte er sich zu versichern, er werde dafür sorgen, daß die Dame sogleich zu ihm geführt werde, und er werde auch dafür sorgen, daß unsere Aussprache gänzlich ungestört bleibe. Außer ihm selber werde niemand dabei zugegen sein, und er werde sich in diskreter Entfernung halten, denn was zwei Ehegatten unter solchen Umständen einander zu sagen hätten, gehe keinen Menschen etwas an. Ich nahm diese Humanitätskundgebung mit einigem Mißtrauen entgegen, aber seine Augen hatten einen so treuherzigen Ausdruck, daß ich mich meines Mißtrauens schämte. Nein, dieser Mann hatte keine Hintergedanken.

Wir plauderten noch eine Weile, und ich fragte ihn, vor welchem Richter meine Sache verhandelt würde. Vor dem Chief Magistrate selber, Sir Albert de Rutzen. Einem alten Herrn von über siebzig Jahren, der ein großes Ansehen genieße wegen seines reichen Wissens und vornehmen Charakters. Ich erinnerte mich, ein Buch von ihm über eine völkerrechtliche Materie gelesen zu haben.

Ein Gerichtsdiener kam und führte mich in einen kleinen Saal, in dem nur wenige Personen anwesend waren. Vorn, auf der ersten Bank, saßen die drei Herren von Scotland Yard; Mr. Smith hatte eine Handtasche von mir neben sich stehen. Hinter dem Richtertisch ein Greis mit scharfgeschnittenen Gesichtszügen und einem Paar durchdringender Augen unter dichten, schneeweißen Brauen. Er sah mich prüfend an, aber in einer Weise, die durchaus nicht unangenehm berührte, und sagte, die Worte langsam und gewichtig hintereinandersetzend: „Sie sind verhaftet worden auf Ersuchen der Staatsanwaltschaft in Karlsruhe und werden beschuldigt, am Abend des vorgestrigen Tages, also des 6. Novembers, in Baden-Baden Ihre Schwiegermutter durch einen Schuß getötet zu haben. Wenn Sie etwas zu der Anklage zu bemerken haben, so steht es Ihnen frei, aber es ist, wie Sie wissen, meine Pflicht, Sie darauf aufmerksam zu machen, daß, was immer Sie äußern, gegen Sie verwendet werden kann."

Totenstille im Saal. Die forschenden Augen bohrten sich in die meinen, wie wenn sie mir das Geheimnis meiner Gedanken entreißen wollten. Ich hielt stand und nahm den Schlag hin mit einer großen Ruhe. So unfaßbar sie mir war, die Ankündigung erschütterte mich nicht, sondern weckte nur ein dumpfes Gefühl der Verwunderung. Wie absurd das war! Es mußte ein Irrtum sein.

„Sie waren an dem fraglichen Tage in Baden-Baden?"

„Ja."

„Hatten Sie die Tasche bei sich, die der Inspektor dort in der Hand hält?"

„Ja."

„In der Tasche ist ein geladener Revolver gefunden worden."

Ich nickte. Ja, in der Tasche führte ich auf meinen Reisen nach dem Orient stets eine Schußwaffe bei mir. Aber ich hatte bisher noch nie von derselben Gebrauch gemacht. Ich erwähnte dies.

Mr. Smith betrat den Zeugenstand und hob den Revolver in die Höhe mit dem Bemerken, daß er in allen fünf Kammern geladen sei. Da fuhr der Gerichtsschreiber, ein klapperdürres

Persönchen mit mumienhaften Zügen, auf den zufällig der Lauf der Waffe gerichtet war, tödlich erschrocken in die Höhe und schrie: „Mylord, Mylord, befehlen Sie ihm, daß er vorsichtiger mit der Pistole verfährt. Wenn sie jetzt eben losgegangen wäre, hätte mich die Kugel unfehlbar getroffen."

Sir Albert lächelte nachsichtig und beruhigte das angsterfüllte Männchen, das sich nicht bewegen ließ, seinen Sitz wieder einzunehmen, und den Blick nicht von dem blauglänzenden Stahl abwenden konnte. Erst als der Inspektor das Mordinstrument mit einem mitleidig-verächtlichen Lächeln wieder in die Tasche steckte, setzte sich der Schreiber und griff mit zitternder Hand nach seiner Feder.

„Ich bin doch kein Kind, daß mir unversehens ein Revolver losgeht," rief der Zeuge unwillig, „übrigens ist es richtig, daß dieser Revolver seit langer Zeit nicht mehr benützt worden ist. Der Sachverständige hält es für ausgeschlossen oder doch für sehr unwahrscheinlich, daß in den letzten Tagen daraus ein Schuß abgefeuert worden ist."

„Wieso kann er das wissen?" fragte der Richter.

„Es ist nicht möglich, die Spuren eines Schusses so ganz und gar zu verwischen, Mylord."

Der Richter wandte sich wieder zu mir. Ich nahm das Wort und sagte, ich sei bereit, unter Beiseitesetzung der gesetzlichen Auslieferungsformalitäten mich sogleich nach Karlsruhe überführen zu lassen, damit der Irrtum so rasch wie möglich aufgeklärt würde. Aber Sir Albert schüttelte den Kopf. „Das geht nicht. Ich bin zu Ihrer Auslieferung nur dann ermächtigt, wenn die gegen Sie erhobene Anklage durch solche Beweismittel erhärtet wird, daß Ihre Täterschaft im Bereich der Wahrscheinlichkeit liegt. Wir müssen also die Auslieferungspapiere abwarten, die ich genau prüfen werde. Ihre Verhaftung bleibt aufrechterhalten für acht Tage. Wie Sie wissen, steht Ihnen dagegen das Rechtsmittel des *Habeas Corpus* zu. Besprechen Sie sich mit Ihrem Anwalt, ob Sie davon Gebrauch machen können. Der Fall ist vertagt."

Diese Vertagung, die in allen Fällen solcher Art üblich ist, bedeutet, daß ich in einer Woche wieder vorgeführt werde und daß dann der Haftbefehl wieder für acht Tage aufrechterhalten wird; was so weitergeht, bis die Auslieferungspapiere angekommen sind.

Ich wurde zurückgeführt in das Bureau des Kerkermeisters. Meine Frau kam mir entgegen, umarmte mich, in ihren Augen die bange Frage: Was ist es? Mr. Bush machte sich abseits zu schaffen. Wir setzten uns auf das in der Ecke stehende Sofa, und ich erzählte mit wenigen Worten, was vorgefallen war.

Meine Frau konnte es nicht fassen. „Die Mutter sollst du erschossen haben? Aber weshalb? Das ist doch Wahnsinn."

„Ja, das ist es. Aber vielleicht steckt in dem Wahnsinn Methode. Ich vermute, daß mich irgend jemand bei der Staatsanwaltschaft denunziert hat, um mich für einige Zeit schachmatt zu setzen. Eines scheint jedenfalls sicher: deine Mutter ist erschossen worden."

Sie sann eine Weile nach. Die Tränen kamen ihr. „Arme Mutter! Sie hatte doch gar keine Feinde. Wer kann es gewesen sein?"

„Ich habe keine Ahnung. Fahre sofort nach Baden-Baden und sieh zu, ob du Licht in die Sache bringen kannst. Vielleicht klärt sich alles rasch auf. Wenn nicht, so sichere dir die Dienste des besten Detektivs, den du in Deutschland finden kannst."

„Aber wie kommt man dazu, gerade dich für den Täter zu halten?"

Ich zuckte die Achseln. Rätselhaft. Zwecklos, sich darüber jetzt den Kopf zu zerbrechen. „Fahre mit dem nächsten Zuge und gib mir sofort Nachricht. Eventuell kommst du wieder hierher zurück."

Sie warf einen Blick auf den eifrig in seinen Akten hantierenden Kerkermeister, der uns gar keine Beachtung schenkte. Wir hatten unser Gespräch in gedämpftem Tone geführt. „Werde ich dich wieder hier sprechen können?"

„Entweder hier oder im Untersuchungsgefängnis. Jedenfalls ohne Zuhörer. Ein Glück noch, daß dies Mißgeschick mich gerade in England trifft; wäre ich auf dem Kontinent verhaftet worden, so hätte man dich gar nicht zu mir gelassen."

Nachdem wir noch einiges besprochen hatten, nahmen wir Abschied voneinander. Keines von uns ahnte, unter welch veränderten Umständen wir uns wiedersehen würden. Sie bat mich, die Geduld nicht zu verlieren, wenn es einige Tage dauern sollte. Nicht einige Tage sollte es dauern, sondern sieben Monate.

Kaum war sie fort, da erschien Mr. Smith, schüttelte mir demonstrativ die Hand und nahm an meiner Seite Platz, indem er die Tasche mit dem fatalen Revolver vor sich auf den Tisch stellte. Um den Revolver drehte sich zunächst unsere Unterhaltung. Das heißt, zuallererst fragte er, ob ich überhaupt geneigt sei, mit ihm über den Fall zu sprechen, ich wüßte ja, daß ich das ablehnen könne und daß es sogar seine Pflicht sei, mich darauf aufmerksam zu machen, daß alle meine Äußerungen eventuell gegen mich verwendet werden könnten. Diese traditionelle Phrase hörte ich an diesem Morgen nun schon zum zweiten Male. Sie ist nicht ohne Bedeutung, diese Phrase, sondern kennzeichnet ein Grundprinzip des anglo-amerikanischen Strafrechts: daß nämlich ein Angeklagter so lange für unschuldig zu gelten hat, bis ihm seine Schuld nachgewiesen ist, und daß der Vertreter des Staates diesen Nachweis zu führen hat aus eigenen Mitteln, ohne Anwendung des auf dem Kontinent gebräuchlichen Inquisitionssystems.

Ich entgegnete, ich sei sehr gerne bereit, mit ihm über den Fall zu sprechen. Den Revolver hätte ich vor einem Jahre in Konstantinopel gekauft und seitdem immer bei mir geführt. Im Orient müßte man immer darauf gefaßt sein, eine solche Waffe zu benötigen.

Das sah der Inspektor ein. „Aber warum haben Sie den Revolver mit sich genommen, als Sie von London nach dem Kontinent zurückreisten?"

„Weil er sich gerade in der Reisetasche befand."

„Haben Sie außer der Tasche sonst noch Gepäck mitgenommen?"

„Ja, einen kleinen *suitcase* aus Krokodilleder. Sie haben natürlich das ganze Gepäck beschlagnahmt. Auch das meiner Frau?"

„Gott behüte, wie kämen wir dazu? Außer der Tasche und dem *suitcase* nur den großen Schrankkoffer und den Kabinenkoffer. Wir haben vergebens nach dem Paket gesucht, aus dem die fünf Patronen stammen, mit denen der Revolver geladen ist."

„Aha," lächelte ich, „Sie dachten, es fehlte eine. Sie scheinen demnach Ihrem Sachverständigen doch nicht so ganz zu trauen. Aber ich gebe Ihnen offen mein Wort darauf, aus dem Revolver ist in diesem Jahre noch kein Schuß gefallen."

„Mag sein. Das wäre ja immer noch kein Beweis dafür, daß Sie nicht der Täter sind."

„Gewiß nicht. Ich könnte mir ja vor meiner Abreise hier in London einen anderen Revolver gekauft haben als Mordwaffe und diesen dann auf der Rückreise fortgeworfen haben. Ich empfehle Ihnen, in dieser Richtung Nachforschungen anzustellen."

Meine Ironie gefiel ihm nicht. Was für Nachforschungen er anzustellen habe, werde er schon selber wissen. „Weshalb sind Sie eigentlich nach dem Kontinent zurückgereist?"

Ich winkte ab. „Mein lieber Inspektor, auf diese Frage muß ich Ihnen die Antwort schuldig bleiben. Das ist meine ureigenste Privatangelegenheit, über die ich keinem Menschen Aufschluß zu geben mich verpflichtet fühle."

„Auch dem deutschen Gericht nicht?"

„Auch dem nicht."

„Wenn Sie auf diesem Standpunkt verharren, werden Sie Ihre Lage nicht unwesentlich verschlimmern. Aber das ist ja Ihre Sache."

„Gewiß. Es tut mir leid, Sie in diesem Punkte enttäuschen zu müssen. Aber dafür will ich Ihnen etwas anderes verraten, was Ihrer Phantasie reiche Nahrung bieten wird. Als ich von London abreiste am vorigen Freitag abend, trug ich eine Perücke und einen falschen Bart. Sie können sich beim Friseur des Hotels erkundigen."

Mr. Smith machte große Augen. „Eine Perücke und einen falschen Bart? Und wozu das?"

„Je nun, weil ich in Baden-Baden nicht erkannt sein wollte."

„Also Sie sind von hier direkt nach Baden-Baden gefahren?"

„Nein, zunächst nur bis Frankfurt. Der Bart war nämlich so schlecht gemacht, daß er mir auf der Fahrt nach Dover abging. So mußte ich mir in Frankfurt einen neuen machen lassen, auf den ich einige Tage zu warten hatte. Sie arbeiten gründlicher und besser, meine Landsleute, als die Ihrigen, Herr Inspektor. Man sieht das nicht nur an diesem kleinen Beispiel, sondern wenn Sie einen Blick auf die Entwicklung der Weltwirtschaft in dem letzten Jahrzehnt werfen ..."

„Himmeldonnerwetter," platzte Mr. Smith heraus, „ich glaube, Sie machen sich lustig über mich. Es ist eine Räubergeschichte, die Sie mir da erzählen."

„Bitte sehr, Sie tun mir unrecht. Ich würde es niemals wagen, einem Manne in Ihrer Stellung Räubergeschichten zu erzählen. Wozu denn auch? Sie werden alles so finden, wie ich Ihnen gesagt habe."

„Und mit dieser Perücke und dem falschen Bart sind Sie vorgestern von Frankfurt nach Baden-Baden gefahren – an dem Tage, an dem Ihre Schwiegermutter erschossen wurde? Dann möchte ich nicht in Ihrer Haut stecken. Sogar eine englische Jury würde Sie auf einen solchen Indizienbeweis hin wahrscheinlich verurteilen. Um wieviel eher eine deutsche."

„Langsam, langsam, Herr Inspektor, so schnell schießen die Preußen nicht. Wissen Sie etwas Näheres über den Ort und den Zeitpunkt der Tat?"

Er sah mich argwöhnisch an. „Wahrscheinlich weiß ich darüber weniger als Sie. Aber das wird ja morgen in den Zeitungen zu lesen sein. Weshalb fragen Sie?"

„Wenn der Schuß nach sieben Uhr abends abgegeben worden ist, habe ich ein unanfechtbares Alibi. Denn da saß ich wieder im Zug auf der Rückreise nach London. In Frankfurt hatte ich direkten Anschluß an den Ostende-Expreß, den einzigen Zug, der mich so rasch nach London bringen konnte, daß Sie in der Lage waren, mich gestern kurz nach sechs Uhr zu verhaften."

„Sie hätten auch den Orient-Expreß benützen können über Paris und Calais."

„Nein. Ich habe von Brüssel aus meiner Frau die Stunde meiner Ankunft telegraphiert."

„Wenn nun aber der Schuß vorher gefallen ist?"

„Dann wäre es mit dem Alibi nichts. Aber um sechs Uhr habe ich meine Schwiegermutter noch gesehen. Es wäre doch ein böser Zufall, wenn sie gerade in der nächsten Stunde erschossen worden wäre."

Mr. Smith zupfte nachdenklich an seinem Nietzsche-Bart. „Mir scheint, Sie sitzen ordentlich in der Tinte. Ausgeliefert werden Sie auf alle Fälle, dazu reicht der Indizienbeweis zweifellos. Wenn es gelingt, ein plausibles Motiv für die Tat zu finden, ist Ihre Verurteilung sicher."

„Ja, wenn es gelingt. Ein plausibles Motiv! Es wird sich überhaupt kein Motiv finden lassen. Es lag für mich nicht der Schatten einer Veranlassung vor, die alte Dame umzubringen. Und ohne Grund und Zweck bringt man doch keinen Menschen um."

Mr. Smith grinste. „Nicht einmal eine Schwiegermutter." – Er erhob sich. „Ich werde Ihnen das Nötige an Wäsche und Kleidern ins Untersuchungsgefängnis nach Brixton hinausschicken. Dorthin werden Sie heute nachmittag übergeführt werden. Kann ich sonst noch etwas für Sie tun?"

„Sie könnten mir einen Anwalt empfehlen. Wer hat den besten Ruf in Fällen solcher Art?"

Er überlegte und nannte mir dann einige Namen, von denen ich auf gut Glück den eines Mr. Scott festhielt. Der Kerkermeister übernahm es, diesen Herrn telephonisch um seinen Besuch zu bitten.

Darauf siedelte ich in eine Zelle über und versuchte mit schwachem Erfolg ein frugales Mittagessen zu verzehren, das Mr. Bush besorgte; nur die beigegebene Flasche Wein trank ich aus. Dann schlichen die Stunden langsam vorüber in qualvollem Warten.

Die Zelle war so klein, daß man nicht einmal auf und ab gehen konnte. Ich stand an der Tür und schaute durch das Guckloch hinaus auf den Gang, wo bis spät in den Nachmittag hinein ein reger Verkehr herrschte; männliche und weibliche Gefangene wurden vorübergeführt, ein junges Mädchen bekam auf dem Rückweg vom Gerichtssaal einen furchtbaren Weinkrampf, der schließlich in ein endloses nervenzerrüttendes Wimmern überging, die übrigen Gefangenen schimpften, der brave Kerkermeister versuchte vergeblich, die Jammernde zu beruhigen, die Dämmerung brach herein, und mit ihr wuchs der dumpfe Druck des Eingesperrtseins; meine Lage erschien mir im schwärzesten Licht. In dieser verzweifelten Stimmung empfing ich den Besuch des Anwalts. Wir besprachen den Fall und einigten uns dahin, zunächst abzuwarten, bis etwas Näheres über die Vorgänge an dem verhängnisvollen Abend bekannt würde. Übrigens verschonte er mich mit neugierigen Fragen; die Auslieferung hielt er, in Anbetracht der Schwere des Indizienbeweises, für so gut wie sicher, wofern sich nicht ein unbestreitbares Alibi noch ergeben sollte.

Es war schon ganz dunkel geworden, als die Einschiffung in den Gefangenenwagen statt-fand, den meine Leidensgefährten „die schwarze Marie" nannten. In Paris heißt er Salatkorb. So verschieden die Benamsungen sind, die Sache ist überall so ziemlich dieselbe, und es ist keine angenehme Sache. Dem Wohlwollen des Kerkermeisters hatte ich es zu verdanken, daß ich nicht in einen der engen Käfige eingeschlossen wurde, sondern den Sitz des Transporteurs vorn in der Tür einnehmen durfte. Dieser stellte sich außerhalb auf das Trittbrett und behandel-te mich, nachdem eine kleine finanzielle Transaktion zwischen uns vollzogen war, mit großer Höflichkeit.

Langsam rasselte das schwerfällige Gefährt durch die Straßen der inneren Stadt. Nach einiger Zeit hielten wir im Hofe eines anderen Polizeigerichts und nahmen noch einen Fahrgast auf. Es war ein sehr dicker kleiner Mann von eurasischem Typ, gut gekleidet, urbanen Wesens, in steter Angst, daß ihm eines der zahlreichen Gepäckstücke, die er mit sich schleppte, abhanden kommen könne. Endlich war alles in dem Gang verstreut; er setzte sich auf den größten der Koffer neben mich, der Wagen rollte weiter.

Oxford-Street. Glänzende Läden. Ein lebensgefährliches Gedränge. Ich starrte mit heißen Augen in diese Welt hinaus, zu der ich noch vor kurzem gehört hatte und jetzt nicht mehr gehörte. Gleich hinter der schwarzen Marie kam eine hochelegante Viktoria – rassige Pferde, die der feiste Kutscher, thronend wie der Lordkanzler auf seinem Wollsack, mit Mühe zügelte, auf den seidenen Kissen ein Luxusgeschöpf in großer Toilette. Die schöne Dame musterte neugierig den vorsintflutlichen Kasten, der da vor ihr herschwankte. Ihr Blick fiel auch auf das bleiche Gesicht hinter dem Gitter der Tür, einige Sekunden lang sahen wir uns an, dann hob sie von ihrem Schoß ein kleines Seidenäffchen und verbarg ihr Gesicht in dem Fell des Tieres.

Über die Themse durch Lambuth. Die Straßen werden öder, die Häuser niedriger.

Mein Nachbar hat das Bedürfnis, sich auszusprechen. Ohne sich durch meine Einsilbigkeit beirren zu lassen, erzählt er seinen Fall. Er ist ein indischer Kaufmann, den sie in London verhaftet haben wegen Unterschlagung. Er soll nach Bombay ausgeliefert werden. Natürlich ist er unschuldig. Aber er traut dem Landfrieden nicht, schimpft auf die Gesetze, die Gerichte und die Advokaten. Über hundert Pfund habe er einem der letzteren bezahlt, damit er die Auslie-ferung verhindere, und der Kerl habe nur eine Rede von knapp zehn Minuten gehalten. Und eine ganz jämmerliche, kraft- und saftlose Rede obendrein. Ich sagte ihm, wenn er unschuldig sei, solle er doch froh sein, so rasch wie möglich vor den zuständigen Richter zu kommen. Ach Gott, seufzte er, ich hätte gut reden, ich kennte die indischen Richter nicht. Dabei trocknete er sich mit einem ungeheuren, in allen Regenbogenfarben schillernden Taschentuch den kahlen Schädel – den kahlen, schuldigen Schädel, dachte ich.

Wie ich noch über das Zitat nachsinne, kommt mir plötzlich der Gedanke: so rasch bist du bei der Hand mit dem verdammenden Urteil! Was du nicht willst, daß man dir tu...

Mag er nun schuldig gewesen sein oder nicht, jedenfalls war der Inder kein ganz schlech-ter Mensch. Nachdem er sich das Herz ein wenig erleichtert hatte, brachte er Zigaretten zum Vorschein, bot zuerst dem Polizeimann eine an und mit dessen Erlaubnis dann auch jedem sei-ner Mitgefangenen. Es begann ein gewaltiges Qualmen, und bald war das Innere des Wagens mit Rauch erfüllt, der in dichten Schwaden durch das Fenster der Tür hinauszog, so daß ein Vorübergehender hätte glauben können, in der schwarzen Marie sei ein Brand ausgebrochen.

Der Wagen bog in einen Seitenweg ein, wir hielten vor dem großen eisernen Tor des Un-tersuchungsgefängnisses in Brixton.

Kapitel 3. Brixton

In einem langen, zugigen Gang stehen Hunderte von Gefangenen, einer hinter dem anderen, und warten. Aufseher schreiten die Reihe entlang, jedes Gespräch ist verboten. Fröstelnd zieht man den Mantelkragen hoch. Die Beine wollen den Dienst versagen.

Stunde um Stunde verstreicht. Allmählich rückt man dem Pulte näher, an dem ein Inspektor sitzt, der das Register führt. Bisweilen gibt es Stockungen. So zum Beispiel bei meinem Vordermann, einem jungen Burschen mit weißblondem Haar und einem stupiden Gesichtsausdruck, der kein Wort Englisch verstehen will. Immer und immer wieder aufgefordert, seinen Namen zu nennen, antwortet er nur mit Achselzucken und mit Beteuerungen in einer Sprache, die ringsumher kein Mensch kennt. Der Beamte blättert in den vor ihm liegenden Haftbefehlen herum und findet schließlich einen, der ihm der richtige zu sein scheint. Gegen einen gewissen Iwan Iwanowitsch Schulz aus Riga. Wegen vierfachen Mordes. Bombenattentat. Erstaunt betrachte ich mir den Dynamithelden, er sieht gar nicht so gefährlich aus. Ich rede ihn an, und, siehe da, er spricht Deutsch. Man ernennt mich zum Dolmetscher. Der Bursche steht äußerst ungern Rede, macht offenbar falsche Angaben. Nun, mich geht das nichts an. Schließlich sind alle Rubriken ausgefüllt, die Reihe kommt an mich.

Name? Ich gebe ihn an. Blättern unter den Papieren. Kein solcher Name zu finden. Ja, richtig, der Haftbefehl ist gegen einen Mr. Stan ausgestellt. Ich erkläre dem Beamten den Irrtum. Er kratzt sich hinter den Ohren, überlegt und entscheidet dann, daß ich bis auf weiteres Mr. Stan bin. Ich protestiere. Hilft nichts. Zwei Monate lang, von der Einlieferung bis zur Entlassung, habe ich den Namen behalten. Man ist sehr konservativ in England.

Nächste Station: das Badezimmer. Es ist gerade der schönste Radau im Gange. Ein alter Irländer sträubt sich mit Händen und Füßen gegen die ungewohnte Prozedur. Man muß ihn mit Gewalt entkleiden, dann wird er in einen der Verschläge hineingeschleppt und die Brause aufgedreht. Zuerst tobte der Vergewaltigte noch eine Weile fort, dann aber schien ihn der warme Wasserstrahl doch nicht so unangenehm zu berühren, das Schimpfen ging in ein wohliges Grunzen über. Schallendes Gelächter der Aufseher und Gefangenen. Das erboste nun den Mann von der grünen Insel wieder, er überschüttete seine Widersacher und die gesamte englische Nation mit einem Hagelschauer von Invektiven. Der Lärm wurde so toll, daß ein Inspektor hereingestürzt kam und mit barscher Stimme Ruhe gebot. Aber als jetzt der Alte herausgelassen wurde und pudelnackt und triefend vor ihm herumtanzte, den heiligen Patrick anrufend als Rächer der ihm widerfahrenen Unbill, konnte auch er das Lachen nicht verbeißen.

Auf das Bad folgte die ärztliche Untersuchung. Abermals verging eine endlose Zeit mit Warten, nur, daß man jetzt das Sprechen nicht mehr untersagte, wahrscheinlich, damit die Leute nicht im Stehen einschliefen. Auch wurde Tee verabreicht, soviel einer haben wollte, dazu Weißbrot. Einer der Inspektoren kam zu mir und fragte, ob ich ein Souper zu bestellen wünsche, Preis eine halbe Krone, aus einem benachbarten Restaurant; sehr empfehlenswert, das Souper, von hervorragender Güte; er wurde so eindringend, man hätte auf den Gedanken kommen können, daß er Prozente davon bekam. Um ihn loszuwerden, sagte ich ja. Das Essen wurde geholt, aber es war so wenig appetitlich, daß ich bat, es einem hungrigen Leidensgefährten überlassen zu dürfen. So ließ der Inspektor mit lauter Stimme den Aufruf ergehen: „Wer hat denn von euch den größten Hunger?" Unter den Kandidaten befand sich auch der alte Irländer; ich beantragte, daß ihm der Preis zuerkannt werde in Anbetracht dessen, daß er so sehr zur allgemeinen Erheiterung beigetragen hatte.

Der Arzt, ein älterer Herr von gütigem Wesen, nahm es mit der Untersuchung ernst, klopfte und horchte lange an mir herum und stellte einen Bronchialkatarrh fest. Als er hörte, daß ich vor einigen Jahren lungenkrank gewesen sei, brachte er das Stethoskop nochmals in Tätigkeit. Er hoffe, daß der Aufenthalt im Gefängnis keine gesundheitsschädlichen Folgen für mich haben möge. „Sie sind Amerikaner?"

„Deutschamerikaner."

„Rechtsanwalt?"

„Ja."

„Ich sehe hier, daß Sie wegen Mords verhaftet sind. Fühlen Sie sich schuldig?"

„Nein, ich bin unschuldig." Ich schilderte ihm mit einigen Worten meine Lage.

Er hörte aufmerksam zu und sagte dann: „Sie können sich denken, daß unsereins im allgemeinen Unschuldsbeteuerungen gegenüber mehr als skeptisch ist. Aber es gibt natürlich Ausnahmen. Wenn Sie wirklich unschuldig sind, wird man Sie nicht ausliefern."

„Die Indizien sind so schwer, daß die Auslieferung nicht zu verhüten sein wird. Ich will ihr auch gar keinen Widerstand entgegensetzen, denn verantworten vor dem zuständigen Gericht muß ich mich auf alle Fälle."

Er wiegte nachdenklich den Kopf hin und her. „Die deutschen Gerichte sind dafür bekannt, daß sie lieber verurteilen als freisprechen. Ihr Fall interessiert mich. Wenn es Ihnen recht ist, komme ich morgen zu Ihnen, dann können wir weiter reden darüber. Vorausgesetzt, daß Sie mein Interesse nicht für vulgäre Neugierde halten." Ich erwiderte, daß sein Besuch mir angenehm sein würde.

Mitternacht war längst vorüber, als ich endlich todmüde in der mir zugewiesenen Zelle anlangte.

* * * * *

Mein Gott, war das ein Erwachen am folgenden Morgen! Eine Glocke läutete. Ich fuhr auf und sah mich um in dem halbdunklen Raum. Eine Gefängniszelle. Wie kam ich da hinein?

Blitzschnell traten mir die Begebenheiten der letzten Tage wieder in die Erinnerung. Gräßlich, gräßlich. Eine ungeheure Mutlosigkeit ergriff mich. Tausendmal düsterer, als es in Wirklichkeit war, erschien mir mein Schicksal. Wäre ich bereits verurteilt gewesen, ich hätte nicht niedergeschlagener sein können. Zu groß war der Gegensatz zwischen dem Vorgestern und dem Heute. Angeklagt wegen Mords, schwer belastet. Ich war unschuldig, gewiß, aber konnte ich meine Unschuld beweisen?

Ich stand auf und kleidete mich an. Die Tür wurde geöffnet, ein Gefangener kam herein, die Zelle in Ordnung zu bringen. Als der Aufseher sich einen Augenblick entfernt hatte, bettelte er mich an. Ich griff in die Tasche, um ihm etwas zu geben, aber es war nichts da, man hatte mir bei der Einlieferung alles Geld abgenommen. Sonderbares Gefühl, keinen Heller im Besitz zu haben.

Ein Inspektor verhandelte mit mir wegen der Verköstigung. Es war mir alles einerlei. Von dem Frühstück rührte ich nichts an.

Ich trat an das große, fast bis zum Boden reichende Fenster und schaute hinaus in den Hof. Ein sandiger Platz, dahinter eine hohe Mauer. Nebel. Totenstille.

Immer drückender wurde das Gefühl der Verlassenheit. Wer konnte mir helfen in diesem Kampf gegen die mächtigste Maschine des kältesten Ungeheuers, das es auf der Welt gab? Es ist ein Irrtum, zu glauben, das Bewußtsein der Unschuld müsse in solcher Lage ein starker Trost sein. Je besser man die Maschine kennt, und ich kannte sie gut, desto schwächer ist dieser Trost.

Der Aufseher kam, um zu fragen, ob ich mich rasieren lassen wolle. Ich folgte ihm – über viele Höfe, bis zu einer Holzbaracke, in der eine primitive Friseurstube eingerichtet war. Ein großer Mensch mit einem Bierbauch waltete seines Amtes, unterstützt von zwei Gesellen, alle drei Deutsche. Sobald er in mir einen Landsmann entdeckt hatte, gab er sich nicht länger Mühe, Englisch zu radebrechen, und ich wunderte mich sehr, daß der Aufseher gegen unsere deutsch geführte Unterhaltung keinen Einspruch erhob. Schon das kam mir verdächtig vor; mein Verdacht wurde bestärkt, als der Landsmann sich im Flüsterton bereit erklärte, Briefe hinauszuschmuggeln gegen angemessenes Entgelt. Überzeugt, einen Spion vor mir zu haben, lehnte ich ab.

Obwohl in den zahlreichen großen und kleinen Gebäuden der Gefängnisstadt sich Tausende von Insassen befinden mußten, waren die kahlen Höfe menschenleer. Nur selten wurden in dem Nebel Umrisse von Gestalten sichtbar, die schattengleich ihres Weges zogen.

Der Gouverneur machte seinen Rundgang, begleitet von einem Adjutanten und mehreren Inspektoren. Ob ich irgendwelche Klagen vorzubringen hätte? Nein. Irgendwelche Wünsche? Ja; Bücher und Zeitungen wollte ich haben. *All right*; in dieser Beziehung beständen keine Schranken; auch in bezug auf Essen und Trinken nicht; überhaupt solle die Haft, innerhalb der durch ihren Zweck gesetzten Grenzen, so leicht wie möglich sein, keinesfalls eine Strafe. „Strafe? Eine Hölle ist sie!" Achselzucken, ein hochmütig abweisender Blick.

Gegen Mittag kam der Arzt und blieb über eine Stunde bei mir. Er gab mir allerhand wohlgemeinte Ratschläge, wie die Gefangenschaft am besten zu ertragen wäre, aber für mich waren das alles Worte, Worte, nichts als Worte. Kein Mensch konnte sich einen Begriff davon machen, wie es in meinem Innern aussah. Kein Mensch konnte mir helfen. Zum erstenmal in meinem Leben wurde ich mir der Einsamkeit bewußt, in der wir von der Wiege bis zum Grabe unseren Weg gehen müssen. Eine bittere Erkenntnis zu Anfang. Man braucht lange, bis man sich mit ihr abgefunden hat. Hat man sich aber mit ihr abgefunden, so erwächst daraus eine stolze Gelassenheit gegenüber den Wechselfällen des Lebens. Wie weit war ich noch davon entfernt!

Mit Spannung sah ich dem Besuche des Anwalts entgegen. Wir sprachen uns ohne Zeugen, in einem kleinen Zimmer, das eine Glastür hatte, davor ein Aufseher hin und her ging.

In der Frankfurter Zeitung stand ein ausführlicher Bericht. Meine Schwiegermutter war erschossen worden, als sie sich mit ihrer Tochter Olga auf dem Wege von ihrer Villa zur Post befand, wohin man sie telephonisch gerufen hatte. Zeitpunkt: kurz nach sechs Uhr abends. Ort: Kaiser-Wilhelm-Straße, an den Lindenstaffeln. Mir war, wie wenn ich einen Schlag auf den Kopf erhalten hätte. Schlimmer konnte es für mich nicht stehen.

„Die Kette ist geschlossen. Ein Indizienbeweis, wie er vollkommener nicht gedacht werden kann."

Mr. Scott hatte darauf nichts zu erwidern. Auch ein Bericht über meine Verhaftung stand schon in der Zeitung. Mein Aufenthalt in Frankfurt war bekannt. Meine Reise nach Baden-Baden mit dem falschen Bart. Es war kein Zweifel möglich: ich mußte der Täter sein. Der Anwalt rekapitulierte die einzelnen Indizien, eines immer belastender als das andere, und sah mich zum Schlusse an, wie wenn er sagen wollte: Was wollen Sie noch mehr, es fehlt nur noch Ihr Geständnis. – Ganz entsetzt war er, als ich ihm noch ein weiteres Indizium angab, das er vergessen hatte. „Wissen Sie auch, wer die Person gewesen ist, die meine Schwiegermutter telephonisch zur Post gerufen hat? Ich war es."

„Nicht möglich! Sie haben sie aus ihrem Hause gelockt und unterwegs..."

„Unterwegs erschossen – wollen Sie sagen. Nein, ich habe sie nicht erschossen. So unglaublich das auch klingen mag."

„Was haben Sie ihr denn eigentlich telephoniert?"

„Ich habe mich mit verstellter Stimme für einen höheren Postbeamten ausgegeben, der sie sprechen wolle, um ihr Mitteilung zu machen über den Absender des sogenannten Pariser Telegramms."

„Was ist das für ein Telegramm? In der Zeitung steht nichts davon."

„Ehe wir nach London kamen, war ich mit meiner Frau und ihrer Schwester Olga acht Tage in Paris. Von dort ist ein Telegramm an meine Schwiegermutter nach Baden-Baden abgegangen, etwa folgenden Inhalts: Olga krank – komm sofort – Lina. Als darauf die Mutter am nächsten Tage in Paris eintraf, stellte meine Frau in Abrede, das Telegramm geschickt zu haben. Man glaubte an eine Mystifikation und forschte nach dem Absender."

„Und wer war der Absender?"

„Ich war es."

„Und weshalb haben Sie dieses Telegramm abgeschickt?"

„Das kann ich Ihnen nicht sagen. So wenig, wie ich Ihnen sagen kann, weshalb ich von London nach Baden-Baden gefahren bin."

„Aber Sie müssen dem Gericht unbedingt über diese Punkte Aufschluß geben. Sonst ist Ihre Verurteilung unvermeidlich. Es geht um Ihren Kopf. Übrigens will ich Ihnen kein Hehl daraus machen, daß ich von Ihrer Schuld ganz und gar nicht überzeugt bin. Der Indizienbeweis ist, wie Sie selber sagen, vollkommen. Meinem Gefühl nach ist er zu vollkommen. Ihre Hauptsorge muß jetzt sein, zu Ihrer Verteidigung den besten Mann zu gewinnen, den Deutschland aufzuweisen hat. Wissen Sie, wer das ist?"

„Sello in Berlin, vermutlich. Oder Bernstein in München."

„Mit welchem von beiden soll ich mich in Verbindung setzen? Eine Absage ist wohl nicht zu erwarten."

„Mit keinem von beiden."

?

„Ich werde mich selbst verteidigen."

Das war zu viel, selbst für englisches Phlegma. Mit einer Geste der Hoffnungslosigkeit stand mein Besucher auf. *„Quem deus perdere vult, prius dementat."* Mr. Scott war ein Mann von klassischer Bildung.

Während der folgenden Tage gingen mir viele Briefe und Telegramme zu, in denen Freunde mich ihrer Sympathie versicherten und ihres Glaubens an meine Unschuld. Einen großen Eindruck machte auf mich der Besuch des Washingtoner Bekannten, dem ich am Abend meiner Verhaftung in der Halle des Hotels begegnet war. Wir standen eigentlich gar nicht so zueinander, daß ich seinen Besuch erwartet hätte. Aber er kam, schüttelte mir kräftig die Hand, wußte die rechten Worte zu finden und wollte es bei Worten nicht bewenden lassen, sondern bis auf weiteres in London bleiben und sich mir widmen. Ich war sehr gerührt und dankte ihm von ganzem Herzen. Indessen könne er mir drüben mehr nützen als in Europa. So übernahm er es, wichtige Aufträge für mich zu erledigen, und hat sich auch in der Folge als einer jener Freunde erwiesen, von denen das Sprichwort sagt, daß hundert auf ein Lot gehen.

Ich begann mich von dem ersten niederschmetternden Schlage zu erholen, da traf mich ein zweiter, über den ich nicht so leicht hinwegkommen sollte. Mr. Scott brachte mir ein Telegramm meiner Frau aus Karlsruhe, das folgenden Wortlaut hatte: „Ich halte meinen Mann für schuldig." Als ich das gelesen hatte, brach ich zusammen.

Drei bis vier Wochen dauerte die geistige Umnachtung, in die mich dieses Telegramm gestürzt hatte. Was während der Zeit mit mir vorging, weiß ich nur aus den Erzählungen der Ärzte und des Krankenwärters. Ich empfing den Besuch meines Vaters und mehrerer Verwandter und Freunde, weinte viel und benahm mich im großen und ganzen wie ein gesunder Mensch, abgesehen davon, daß ich alle paar Tage einen Brief schrieb an den türkischen Botschafter und darin Klage führte über das mir angetane Unrecht.

Der Chefarzt und ein Assistenzarzt besuchten mich täglich und studierten an dem Problem herum, ob ich wirklich geisteskrank sei oder nur simuliere.

* * * * *

Das erste Bild, das in meiner Erinnerung steht, nachdem ich wieder zu mir gekommen war: Ich sitze in einem alten Lehnstuhl, in einer Art Nische, hinten und rechts die Zimmerwände, links das Fußende eines schmalen Bettes. In der Wand rechts, hinter einer Glasscheibe, brennt ein Gaslicht. Das Zimmer ist nicht sehr breit, aber ziemlich lang und ungewöhnlich hoch. Es ist angenehm durchwärmt. Hinter einem schwarzen Fenster Nebel oder Dämmerung oder Nacht. Ich sitze da in schokoladefarbenen Pyjamas, apathisch und zufrieden, wundere mich gar nicht darüber, wie ich in das Zimmer komme, auch daß ich im Gefängnis bin, scheint mir natürlich und belanglos. Nur sehr langsam erwacht wieder das Interesse für das, was um mich her vorgeht.

Eine große Veränderung ist in mir. Keine Spur mehr von Ungeduld, Spannung, Sorge. Ich habe das Gefühl: das Schlimmste ist vorüber; was jetzt noch kommt, hat wenig zu bedeuten.

Daß meine eigene Frau mich für schuldig halten konnte, der Gedanke wäre mir nie gekommen. Das war viel, viel schlimmer als eine Verurteilung durch Richter und Geschworene. Aber es war geschehen. So undenkbar es schien, es war geschehen. Nun gut, so mußte ich damit fertig werden, nachdem ich es überlebt hatte. Jetzt war ich ganz allein. *„... So learn in your uttermost need to rely upon none."*

Einige Tage vor Weihnachten erhielt ich einen Brief meiner Frau, in dem sie mich wegen des Telegramms um Verzeihung bat – sie habe es abgeschickt, zermürbt durch das unablässige Zureden von Bruder, Schwestern und Schwager, in Schrecken gesetzt durch die Drohung des Staatsanwalts, sie als Mitschuldige zu verhaften, falls sie nicht unzweideutig gegen mich Stellung nehme – jetzt, nachdem sie von der Familie weg sich in das Haus einer Freundin zurückgezogen und alles noch einmal in Ruhe überdacht habe, sei sie überzeugt, daß ich eine solche Tat nicht begangen haben könne, und wolle zu mir halten, komme, was kommen mag. Der Brief machte gar keinen Eindruck auf mich. Zu spät. Sie hatte versagt in dem kritischen Augenblick, als alles darauf ankam. Was sie jetzt noch dachte oder tat, spielte keine Rolle mehr. So viel Unrecht ich ihr getan hatte, sie hatte es wettgemacht. Ich schrieb ihr ganz kurz, sie solle sich unverzüglich von mir scheiden lassen.

Später, als sie in den Tod gegangen war, habe ich dies mein Verhalten bereut. Ich hätte die dargebotene Hand annehmen sollen. Aber es war Kismet.

Mein Vater hatte, nachdem er bei seinem Besuch mich zur Wahrnehmung meiner Interessen unfähig befunden, einen Karlsruher Anwalt mit der Verteidigung beauftragt. Dieser kam nach London, um mit mir Rücksprache zu nehmen. Auf der Karte stand: Rechtsanwalt Dr. E. Dietz, Landgerichtsrat a.D.

Wir saßen uns in dem Zimmer mit der Glastür gegenüber, er verlangte Aufschluß über dieses und jenes. Ich konnte ihm kein Vertrauen schenken. Die Unterredung verlief für beide Teile unbefriedigend. Endlich sagte er mir: „Wenn sich die Sache so verhält, bleibt mir nichts anderes übrig, als Ihre Verteidigung in der Weise zu führen, als hielte ich Sie für schuldig." Darauf entgegnete ich: „Das können Sie halten, wie Sie wollen." Er faßte das als ein Geständnis auf.

Nachdem er gegangen war, hatte ich das Empfinden, den Rubikon überschritten zu haben. Von nun an war ich entschlossen, der Anklage nichts weiter entgegenzusetzen als Schweigen.

In der darauffolgenden Nacht träumte ich einen allegorischen Traum. Zum Verständnis desselben ist eine kurze Exkursion nötig in das englische Recht des Mittelalters. Nach der naiven Denkart jener Zeit mußte jeder Angeklagte, wenn er vor die Schranken des Gerichts gerufen wurde, auf die Frage des Richters, ob er schuldig sei oder unschuldig, mit einem klaren Ja oder Nein antworten. Sagte er weder ja noch nein, sondern verweigerte er die Antwort, so konnte nicht weiter gegen ihn prozessiert werden. Es kam nicht zum Urteil, und es traten auch keine der Folgen ein, die damals mit jeder Verurteilung in Kapitalfällen verbunden waren, wie z. B. die Konfiskation des Vermögens. Das einzige, was der Richter tun konnte, war, daß er gegen den Halsstarrigen die *peine forte et dure* zur Anwendung bringen ließ. Diese aus dem normannischen Recht übernommene *peine forte et dure* bestand darin, daß der Angeklagte nackt auf die Steinfliesen des Kerkers gelegt und mit einer schweren, eisernen Tür bedeckt wurde, am ersten Tage ein Stück verschimmelten Brotes bekam und am zweiten Tage einen Schluck Wasser aus der nächstgelegenen Pfütze, am dritten Tage wieder ein Stück verschimmelten Brotes und am vierten Tage wieder einen Schluck Wasser aus der nächstgelegenen Pfütze, und so fort, bis – *until he answer*, sagen die alten Rechtsbücher, bis er antwortete.

In einem dieser alten Rechtsbücher hatte ich nun vor Jahren einmal beim Durchlesen dieses Kapitels eine Fußnote gefunden, darin war im trockenen Stil des juristischen Kommentators ein Fall erzählt, der sich im 14. Jahrhundert zugetragen hatte. Ein in der Grafschaft Northumberland reichbegüterter Ritter sei von seiner Burg geritten in den Krieg gegen Frankreich. Unterwegs sei ihm Kunde geworden von der Untreue seiner Gattin. Da wandte er sein Roß und ritt spornstreichs zurück, Grimm und Rachedurst im Herzen. Ohne ihrer Unschuldsbeteuerungen zu achten, schleuderte er sein Weib von den Zinnen der Burg hinab, und nach ihr seine beiden Söhne. Der dritte und letzte Sohn, ein Säugling, befand sich auf einer nahegelegenen Farm zur Pflege. Noch ganz im Banne seines Zornes eilte der Vater, auch diesen zu töten. Als er die Farm schon fast erreicht hatte, brach ein schreckliches Gewitter über ihn herein, der Regen kühlte die Hitze seines Blutes, er stand ab von seinem Vorhaben und bereute, was er getan. Auch stiegen ihm jetzt Zweifel auf an der Schuld seiner Gattin. Er überlieferte sich dem Gericht, und als er zur Antwort aufgerufen wurde: *guilty or not guilty?* gedachte er seinem Sohne das Erbe zu retten und schwieg. Darauf wurde gegen ihn die *peine forte et dure* zur Anwendung gebracht. Er ertrug sie standhaft – erzählt der rechtsgelehrte Kommentator – und starb nach 40 Tagen.

Das Schicksal dieses Mannes durchlebte ich im Traum. Als ich aufwachte, war ich in Schweiß gebadet, jedes Glied wie zerschlagen. –

Die erste Weihnacht in der Gefangenschaft. Es ist mir fast nichts mehr in Erinnerung von diesem Tage, der sich von den anderen nur dadurch unterschied, daß es mittags einen riesigen Plumpudding gab, dessen bloßer Anblick schon das Gefühl völligen Sattseins hervorrief. Acht Tage brauchte der Zellenreiniger, bis er ihn bewältigt hatte.

Ich saß tagsüber in meinem Lehnstuhl und las. Richtig hell wurde es überhaupt nicht mehr. Nebel in Permanenz. Die Bücher, die ich bevorzugte, waren alte Romane von Dickens, Thackeray und Kapitän Marryat. „Ein sonderbarer Geschmack", meinte der Arzt, als er mich eines Tages bei dieser Lektüre antraf. „Wer liest denn heute noch diese Schmöker? Seit vierzig Jahren habe ich keinen mehr in der Hand gehabt."

„Ich weiß nicht, warum ich sie so gerne lese," war meine Antwort, „vielleicht deshalb, weil sie so beruhigend und einschläfernd wirken. Die Welt, die in diesen Büchern geschildert wird, ist so verschieden von der unsrigen. Man empfindet beim Lesen eine wehmütige Sehnsucht nach dem Frieden jener Tage."

Anfang Januar wurde, nachdem die Papiere aus Deutschland eingetroffen waren, durch Sir Albert meine Auslieferung verfügt. Das von dem Untersuchungsrichter zusammengebrachte Beweismaterial war schon damals vollzählig, es ist nachher nichts Wesentliches hinzugekommen. Auch ein Motiv war schon gefunden. Da ich in den türkischen Geschäften den größten Teil der Mitgift meiner Frau investiert hatte, ohne daß dieselben bis jetzt zu einem Erfolg gediehen waren, so nahm die Staatsanwaltschaft an, daß ich meine Schwiegermutter ermordet habe, um das meiner Frau zufallende Erbteil an mich zu bringen. Also eine ganz besonders gemeine Art von Raubmord.

Als ich nach der Gerichtssitzung, die sehr kurz war und ohne jeden Zwischenfall verlief, in dem Bureau des Kerkermeisters auf den Wagen wartete, der mich nach Brixton zurückbringen sollte – ich brauchte jetzt die schwarze Marie nicht mehr zu benutzen –, ließ mir Sir Albert sagen, er wünsche mich noch einmal zu sprechen. Verwundert über diesen ungewöhnlichen Schritt, folgte ich dem Sekretär und gelangte in ein großes, altertümlich ausgestattetes Gemach, in dem der Richter hinter einem mit Akten bedeckten Schreibtisch saß. Er forderte mich auf, Platz zu nehmen, und sagte dann etwa folgendes: Mein Fall habe ihn von Anfang an sehr interessiert, während seiner dreißigjährigen Tätigkeit in Bowstreet sei ihm noch niemals ein Fall vorgekommen, wo ein so lückenloser Indizienbeweis dennoch so wenig Überzeugung der Schuld bewirke; er sehe mit Spannung dem weiteren Verlauf des Prozesses entgegen; er für seine Person habe ja nur zu prüfen gehabt, ob die Beweismittel hinreichten, einen Verdacht zu begründen; daß sie dazu wirklich hinreichten, sei außer Frage; aber ob sie auch zu einer Verurteilung hinreichten, das stehe auf einem anderen Blatt. Ich hatte darauf nichts zu erwidern und wußte nicht recht, was der alte Herr von mir wolle. Auch heute ist mir das noch nicht klar. Vielleicht wollte er weiter nichts, als mir zu verstehen geben, daß er, trotzdem die Auslieferung von ihm angeordnet war, mich nicht für schuldig hielt.

Am Ende war es bei der Stimmung, die damals im Gefolge der ersten Marokkokrisis jenseits des Kanals herrschte, nicht so sehr verwunderlich, daß ein englischer Richter nicht gern einen amerikanischen Anwalt an ein deutsches Gericht auslieferte auf einen Indizienbeweis hin, der eine Verurteilung durch das deutsche Gericht fast sicher erscheinen ließ, während er einer englischen oder amerikanischen Jury wahrscheinlich nicht genügt hätte.

Kapitel 4. Die Reise nach Karlsruhe

An einem Spätnachmittag holte mich Inspektor Smith in Begleitung des älteren seiner beiden Gehilfen in Brixton ab. Er gab der Hoffnung Ausdruck, daß unsere gemeinsame Reise einen guten Verlauf nehmen möge; seinerseits werde jedenfalls alles geschehen, mir Unannehmlichkeiten zu ersparen; die Überwachung werde so unauffällig wie möglich sein. Wir führen vom Bahnhof Liverpool Street nach Harwich und von dort zu Schiff nach Hamburg.

Auf der Fahrt nach dem Bahnhof hielt unser Wagen in Scotland Yard, der Inspektor stieg aus, kam zurück mit einem elegant gekleideten Herrn, den er als einen der fähigsten Köpfe der Yard vorstellte und der mir Gesellschaft leisten würde, während er und Mr. Robinson drinnen noch etwas zu erledigen hätten. Ich begriff sofort, daß es sich um eine abgekartete Sache handele, und verhielt mich äußerst reserviert gegenüber der Liebenswürdigkeit des eleganten Herrn. Dieser gab sich alle Mühe, auf eine harmlose Weise an mich heranzukommen. Er zeigte auch keinerlei Verdruß, als ihm das nicht gelang, und sagte schließlich: „Sie können sich denken, daß Ihr Fall hier bei uns das größte Interesse erregt. Es wird leidenschaftlich darüber debattiert, ob man Sie verurteilen oder freisprechen wird. Viele Wetten sind abgeschlossen worden, die meisten 2:3. Ich will Ihnen frei heraus gestehen, daß ich meinen Kollegen Smith, der selber nicht wettet, gebeten habe, mir eine Gelegenheit zu verschaffen, ein paar Worte mit Ihnen zu wechseln. Ich glaube als alter Praktiker eine gute Spürnase zu besitzen und verlasse mich lieber auf meine Witterung als auf die vollständigsten Akten. Ich werde auf Freispruch wetten."

„Tun Sie das nicht," entgegnete ich ihm, „Sie würden Ihr Geld verlieren."

„Nun, wenn Sie selber das sagen... Aber warum beurteilen Sie Ihre Lage so ungünstig?"

Ich gab ihm einige Erläuterungen; er hörte aufmerksam zu. Als die beiden anderen wieder erschienen, verabschiedete er sich und sagte, er freue sich, meine Bekanntschaft gemacht zu haben, und wünsche von Herzen, daß meine pessimistische Auffassung sich als unrichtig erweisen möge.

Am Bahnhof inszenierte der Inspektor ein anderes kleines Intermezzo. Während wir im Wartesaal saßen, fragte er mich, ob ich etwas dagegen habe, einem Vertreter der Associated Preß eine kurze Unterredung zu gewähren. Ehe ich mich von meiner Überraschung erholt hatte, war der Amerikaner schon da, begrüßte mich wie einen alten Bekannten, faßte mich unter den Arm und begann ganz ungeniert, mit mir im Saale hin und her zu gehen, als sei dies die selbstverständlichste Sache von der Welt. Er überreichte mir einen großen Pack Zeitungen und Zeitschriften – „als Reiselektüre" – und bemerkte, daß ich darunter alles finden würde, was er bis jetzt über meinen Fall hinübertelegraphiert habe. Die öffentliche Meinung in Amerika sei entschieden auf meiner Seite. Eine ganze Reihe prominenter Persönlichkeiten in Washington und New York habe in längeren Interviews ihrer Überzeugung Ausdruck gegeben, daß ich unschuldig sei. Er habe alles gesammelt und denke, daß ich es mit Genugtuung lesen werde. Zu seinem Leidwesen habe er erfahren, daß meine Gesundheit sich in der letzten Zeit verschlechtert habe. Er bemerke aber mit Vergnügen, daß es wieder besser gehe. Und nun, um auf die Hauptsache zu kommen: „Wollen Sie nicht Ihren amerikanischen Freunden durch mich eine Botschaft senden, ehe Sie England verlassen?"

Betäubt durch den so plötzlich über mich hereinprasselnden Wortschwall, fragte ich, was denn das für eine Botschaft sein solle. Daß ich unschuldig sei? Daß ich dankbar sei für die mir bezeigte Sympathie? Oder was sonst?

„*Never mind*," rief er aus, „die passenden Ausdrücke werde ich schon finden. Wird ein ganz famoser Artikel werden. Mit der Ihnen hier in England zuteil gewordenen Behandlung sind Sie doch zufrieden?"

Ich schaute lächelnd zu meinen beiden Wächtern hinüber, die sich mit großem Eifer einem guten Abendessen widmeten – o ja, ich war zufrieden mit der mir in England zuteil gewordenen Behandlung. Ich könnte bloß wünschen, daß man mich in Deutschland ebenso gut behandelte. Aber das sei ja wohl nicht anzunehmen.

Nein, bekräftigte der Mann der Presse, das sei allerdings nicht anzunehmen. England sei eben England, und Deutschland Deutschland. Ein etwas rückständiges Land. In mancher Beziehung sozusagen mittelalterliche Zustände. Er sei nie dort gewesen. Aber jetzt werde er wohl hinkommen, da ihm sicherlich die Berichterstattung über meinen Prozeß anvertraut würde. Er freue sich darauf, denn es werde ein Sensationsprozeß allerersten Ranges werden. Ob ich ihm nicht einigen Aufschluß geben wolle über den gegenwärtigen Stand des Verfahrens.

Ich lehnte das ab. Die Zeit sei dazu auch zu kurz.

Oh, versicherte er eifrig, das würde kein Hindernis sein. Er sei bereit, mit nach Harwich zu fahren und noch weiter. Unterwegs hätten wir die schönste Zeit. Natürlich werde er alles, was ich ihm sage, streng diskret behandeln und von der gemeinsamen Reise kein Sterbenswörtchen verlauten lassen.

„Und was wird Mr. Smith dazu sagen?" fragte ich neugierig.

„Na, den kriege ich schon herum. Sagen Sie ja, und die Sache wird gemacht."

Ich schüttelte den Kopf. „Nein. Die Idee gefällt mir nicht."

Er sah, es war mir Ernst mit meiner Weigerung. Schade, meinte er, es wäre ihm wirklich ein Vergnügen gewesen.

Gegen elf Uhr gingen wir in Harwich an Bord. Der Dampfer war sehr schwach besetzt. Nachdem wir uns in der schönen und geräumigen Kabine häuslich eingerichtet hatten, begaben wir uns nach dem oberen Promenadendeck und spazierten noch eine Zeitlang plaudernd auf und ab, bis die Lichter des Hafens am Horizont verschwanden. Auf hoher See empfing uns ein heftiger Sturm.

Wir schliefen alle drei sehr gut und bis tief in den Vormittag hinein. Den größten Teil des Tages verbrachten wir im Liegestuhl. Prophete rechts, Prophete links, das Weltkind in der Mitte. Doch ließen meine beiden Wächter mir tatsächlich viel Freiheit, ich durfte allein überall herumgehen. Von den Mitreisenden war keiner sichtbar, das schlechte Wetter hielt sie in ihren Kabinen fest. Mittags waren wir drei die einzigen Teilnehmer an der Kapitänstafel. Der Kapitän, ein lustiger alter Seebär, führte die Unterhaltung, wie wenn er von der zwischen mir und meiner Eskorte bestehenden Beziehung nichts ahne, doch bemerkte ich wohl, daß er mich, wenn ich nicht hinsah, neugierig betrachtete.

Nachmittags stand ich lange allein am Heck. Himmel und Meer waren schwarz, unter mir schäumte der Gischt, den die Schiffsschraube aufwühlte. Über die Reling gebeugt, starrte ich in das tosende Wasser hinein und kämpfte mit der Versuchung, durch einen Sprung allem Leid ein Ende zu machen. Es war das erstemal, daß mir Selbstmordgedanken kamen. Eigentlich keine Gedanken, sondern nur ein vages Sehnen des Herzens nach Ruhe. Aber noch erwies sich der Wille zum Leben als stärker. Mochte kommen, was da wollte – und ich war auf das Schlimmste gefaßt –, es würde zu ertragen sein. Immerhin war es ein Trost, zu wissen, daß dieser letzte Ausweg allezeit offen stand. War das Maß der Leidensfähigkeit erschöpft, so konnte man ja gehen.

Da legte sich mir plötzlich eine Hand auf die Schulter, es war Mr. Smith, der mich ernsten Blickes anschaute und mir den alten Kernspruch entgegenhielt: *„Never say die."*

Ruhig sah ich ihm in die Augen. „Haben Sie keine Angst, mein lieber Inspektor, so weit sind wir noch nicht. Bedenken Sie, ich bin erst 25 Jahre alt. Da ist man nicht so schnell bereit, das Leben wegzuwerfen. Ich werde Ihnen keine Scherereien verursachen."

„Verstehen Sie mich nicht falsch," entgegnete er, „es ist nicht die Sorge, daß Sie mir Scherereien verursachen könnten, die mich hierhergetrieben hat. Wenn ein Mensch entschlossen ist, seinem Leben ein Ende zu machen, so kann ihn niemand hindern. Das ist seine Privatangelegenheit, da hat keine Polizei und kein Gesetz dreinzureden...."

„Na, na," unterbrach ich ihn, „wissen Sie nicht, daß das englische Recht den Selbstmord als Felonie bestraft?"

„Wie kann man einen Selbstmörder bestrafen?"

„Das Common Law kennt zwei Strafen. Erstens die Vermögenseinziehung. Und zweitens soll der Selbstmörder auf der Landstraße verscharrt und ihm ein Pfahl durch den Leib gestoßen werden."

„So mag's einmal im Mittelalter gewesen sein, heute ist das sicher nicht mehr Rechtens."

„Ich glaube doch. Wenigstens ist es mir nicht bekannt, daß in der neueren Zeit durch Parlamentsakt da etwas geändert worden ist."

„Lassen wir's dahingestellt. Jedenfalls dürfte es, wenn Sie da in das Wasser hineinspringen, mit dem Pfahl seine Schwierigkeit haben. Ehe die Maschine gestoppt und ein Boot herabgelassen ist, sind Sie meilenweit entfernt. Nein, was ich sagen wollte, ist dieses: Sie haben einen schweren Kampf vor sich; Sie behaupten, unschuldig zu sein; man wird Sie für schuldig halten, wenn Sie sich dem Kampf um Ihr Recht auf diese Weise entziehen. Es läge auch so etwas wie Feigheit darin. Immer natürlich unter der Voraussetzung, daß Sie wirklich unschuldig sind."

Ich blieb eine Weile schweigsam. Dann faßte ich ihn scharf ins Auge und sagte: „Es wäre mir interessant zu hören, wie Sie selber über diesen Punkt denken, Inspektor."

„Was kann da viel daran liegen, ob ich so oder so denke? Offen gestanden, ich weiß nicht recht, was ich denken soll. Als alter Kriminalist neige ich dazu, Sie für den Täter zu halten. Wenn ich auf der Geschworenenbank säße, würde ich mich wohl nur schwer zu einem Schuldig entschließen können. Daß ich in Ihnen keinen gemeinen Verbrecher, keinen Mörder sehe, werden Sie mir wohl glauben. Aber jeder Mensch kann in eine Lage kommen, wo er sich zu etwas hinreißen läßt, was ihm keiner zugetraut hätte. Dem, der die Untersuchung gegen Sie führt, möchte ich den Rat geben: *Cherchez la femme!*"

„Da dürfte er wohl vergebens suchen", erwiderte ich nach einer Pause.

„Sicher nicht. Ich bin überzeugt, daß er da die Lösung des Rätsels finden würde."

„Aber Sie haben doch die Auslieferungspapiere gelesen. Der ganze Indizienbeweis ist beieinander. Lückenlos. Es gibt gar nichts mehr zu suchen. Der Fall ist klar."

Mr. Smith machte ein sehr überlegenes Gesicht. „Sie müssen mir schon erlauben, anderer Meinung zu sein. Mir scheint, alles, was bisher an Beweismaterial beigebracht wurde, ist nur das äußere Gerüst. Noch fehlt die Hauptsache. Das glaubwürdige Motiv. Und ich vermute, daß der Untersuchungsrichter das finden wird, wenn er meinen Rat beherzigt."

„Der Untersuchungsrichter hält sich an eine andere Maxime, die ebenso alt ist und ebensoviel Wert hat wie die Ihrige. *Cui bono?* Und da hat er das Motiv schon gefunden."

„Ich glaube nicht, daß er es gefunden hat. So einfach liegt der Fall nicht. Wir werden ja sehen. Sie werden übrigens staunen, wenn ich Ihnen verrate, daß Sir Albert von Ihrer Unschuld ziemlich fest überzeugt ist."

„Sie haben mit ihm über den Fall gesprochen?"

„Oft und lange. Auf sein Urteil gebe ich viel, mehr als auf das irgendeines anderen. Er hat einen wunderbaren Instinkt. Ich möchte Ihnen nur wünschen, daß Sie in Deutschland einen Richter finden, wie er einer ist."

Jawohl, dachte ich, das möchte ich mir auch wünschen. Aber solche Richter sind selten.

Während wir noch an der Reling standen, wurden rechts am Horizont die Umrisse eines großen Ozeandampfers sichtbar. Da er in entgegengesetzter Richtung fuhr, kamen wir rasch näher. Es war der „Kronprinz Wilhelm" vom Norddeutschen Lloyd, auf dem ich vor drei Jahren einmal die Überfahrt nach New York gemacht hatte. „Ein gutes Omen," bemerkte der Inspektor, als ich ihm das sagte, „hoffen wir, daß Sie bald wieder auf dem Dampfer Passage nehmen können."

Nach dem Abendessen saßen wir noch lange bei einem Glase heißen Punsches zusammen. Der Inspektor wußte viele Geschichten zu erzählen aus seinem Berufsleben, während Mr. Robinson, ein echter Schotte, sich aufs Zuhören, Trinken und Rauchen beschränkte. Darin leistete er Erkleckliches. Es war nicht leicht, die beiden endlich zum Schlafengehen zu überreden.

Am nächsten Morgen waren wir in der Elbe. Sobald der Dampfer angelegt hatte, kam ein Hamburger Kriminalbeamter an Bord; er begleitete uns zum Polizeipräsidium. Dort übergaben meine Reisebegleiter mich einem Kommissar und verabschiedeten sich von mir mit einer Wärme, die der Kommissar kopfschüttelnd beobachtete. Als sie fort waren, meinte er, eine solche Familiarität sei eigentlich sehr unpassend; in Deutschland pflege man mit einem Angeklagten so nicht zu verfahren. Ja nun, entgegnete ich, jedes Land hat eben seine Sitten, und jedes Land hält die eigenen Sitten für die besten.

Es folgte ein kurzes Verhör. Alsdann wurde ich photographiert und bertillonisiert – eine widerwärtige Prozedur in jedem Fall, hier doppelt widerwärtig, weil der Beamte ein Neuling und sehr nervös war. Seine Unsicherheit suchte er zu verbergen hinter einem groben und patzigen Wesen. Wir gerieten heftig aneinander.

Dann brachte man mich wieder zurück auf das Zimmer des Kommissars, wo ein junger Herr von sehr verbindlichen Umgangsformen seine Zeitungslektüre unterbrach und sich etwas übertrieben freundlich mit mir zu unterhalten begann. Er plauderte von diesem und jenem und kam endlich auf den springenden Punkt. Den Revolver aus der Tasche nehmend, fragte er mit anzüglichem Lächeln: „Das *Corpus delicti?*"

„Tut mir leid, Sie enttäuschen zu müssen. Es ist nicht das *Corpus delicti.*"

„Nun, das sagen Sie so, daß man's beinahe glauben könnte. Sie hatten ihn aber doch bei sich in Baden-Baden?"

„Gewiß."

„Dann wird er's wohl auch sein. Sie werden doch nicht zwei solcher Schießeisen mitgeschleppt haben."

Ich erlaubte mir zu bemerken, daß es noch mehr Leute gäbe, die Revolver besäßen und damit schössen.

„Bah," meinte er wegwerfend, „das ist doch ganz klar, daß Sie es gewesen sind, der den Schuß abgefeuert hat. Wer soll es denn sonst gewesen sein? Übrigens die selbstverständlichste Sache von der Welt, seine Schwiegermutter totschießen. Ein Wunder, daß man sie nicht schon alle totgeschossen hat."

Ich versicherte, ich hätte gar keine Veranlassung gehabt, meine Schwiegermutter totzuschießen, da ich mit ihr sehr gut stand. Aber das ließ er nicht gelten, mit seiner Schwiegermutter stehe kein Mensch gut, da sei bestenfalls nur ein Waffenstillstand möglich. In diesem Tone erging er sich mit großer Geschmacklosigkeit eine ganze Weile, bis er mir den Ekel am Gesicht absah und begriff, daß auf diese Weise nichts zu erreichen sei. Er versuchte es noch auf einige andere Arten, mit dem gleichen Mißerfolg. Darauf nahm er die strenge Amtsmiene an, klingelte und ließ mich abführen.

Wahrscheinlich ein Assessor, der sich ein rotes Röcklein verdienen will, dachte ich, als ich unten im Erdgeschoß in einer kleinen Zelle gelandet war. Idiot.

Man brachte mir etwas zu essen. Es war ungenießbar. Ehe etwas anderes beschafft werden konnte, wurde ich in einen Wagen gesetzt und in ein anderes Gefängnis transportiert.

Es war dies ein altes Gebäude, nicht sehr groß, mit veralteten Einrichtungen, aber die Zelle, die man mir anwies, war äußerst gemütlich: ein richtiges Bett, Tisch und Stühle, und ein riesiger, blauer Kachelofen, der eine behagliche Wärme ausströmte. Der Aufseher ließ mit sich reden. Er besorgte ein gutes Essen, das Hamburg alle Ehre machte, ein paar gute Flaschen Wein und ein paar gute Zigarren, half auch getreulich mit, daß nichts übrigblieb. Sein Dienst schien nicht sehr anstrengend zu sein, denn am Abend saß er stundenlang bei mir und klagte beweglich über das unzureichende Gehalt, mit dem man kaum eine Familie ernähren könnte, wenn nicht hie und da noch nebenher was abfiele. Ich verstand, und da man mir auf dem Polizeipräsidium – wahrscheinlich aus Versehen – mein Geld gelassen hatte, so fiel etwas ab.

Ich schlief ausgezeichnet in dem altertümlichen Bett, nahm noch ein opulentes Frühstück ein, und dann ging es wieder aufs Polizeipräsidium. Als ich in das Zimmer des Kommissars trat, sah ich hinter seinem Schreibtisch drei Herren stehen, einen kleinen, nach der neuesten Mode gekleideten, dessen Äußeres sofort den ehemaligen Offizier erkennen ließ – kann sein, daß er sogar ein Monokel trug –, und zwei massive Gestalten, Feldwebeltypen, der eine mit rötlichem, der andere mit schwarzem Vollbart.

„Hier ist der Herr Kriminalkommissar Soundso aus Baden-Baden, der beauftragt ist, Sie nach Karlsruhe zu transportieren", begann der Hamburger und schien noch einiges hinzufügen zu wollen. Aber sein badischer Kollege ließ ihm dazu keine Zeit, sondern trat auf mich zu und schnarrte: „Der Transport geht sogleich ab. Wie Sie sich zu verhalten haben, brauche ich Ihnen wohl nicht zu sagen. Aber darauf mache ich Sie ausdrücklich aufmerksam, daß wir im Falle eines Fluchtversuches rücksichtslos von der Schießwaffe Gebrauch machen werden."

Ah, jetzt pfiff der Wind aus einem anderen Loch. Schneidig. Dabei machte der kleine Mann trotz allem den Eindruck, im Grunde eine gutmütige Seele zu sein. Der stechende Blick, den er markieren wollte, gelang ihm nur unvollkommen.

Ich verbeugte mich. Die beiden Hünen nahmen mich in die Mitte, der Herr Leutnant folgte. Leutnant a.D. war er nämlich, hatte auch nichts einzuwenden, wenn seine Untergebenen ihn so anredeten.

Ein Abteil zweiter Klasse war für uns reserviert, aber da der Zug überfüllt war, stieg im letzten Augenblick noch ein Reisender ein, offenbar ein junger Hamburger Kaufmann. Mit diesem geriet der Herr Leutnant bald ins Gespräch. Hauptthema war die weltberühmte Hamburger Küche. Der Herr Leutnant sprach seine höchste Anerkennung aus, der andere nahm sie entgegen wie einen ihm persönlich gespendeten Tribut. Ja, die Hamburger Küche, so etwas gebe es in der ganzen Welt nicht mehr; S. M. habe erst neulich geäußert, wenn er nach Hamburg komme, freue er sich wie ein Schneekönig, einmal ganz prima essen zu können. „Apropos, Sie haben doch bei Pfordte diniert?" Nein, der Herr Leutnant hatte nicht bei Pfordte diniert. „Um Gottes willen," entsetzte sich der Hamburger, „da haben Sie ja das Wichtigste versäumt. Das ist, wie wenn Sie in Rom gewesen wären, ohne den Papst zu sehen. Wie kann man in Hamburg sein, ohne bei Pfordte zu essen!" In hilflosem Staunen ließ er seine Augen von einem zum anderen gehen und zuletzt auf mir ruhen, ich befürchtete schon, daß er auch an mich die Schicksalsfrage richten würde, ob ich bei Pfordte diniert hätte, worauf ich hätte sagen müssen, nein, ich habe im Gefängnis diniert, aber es war fast so gut wie bei Pfordte.

Von Hannover ab blieben wir bis Frankfurt allein. Der Herr Leutnant würdigte mich nur ein einziges Mal einer Ansprache. „Ist es wahr," fragte er, „daß der Doktor Dietz Sie in London besucht und unter vier Augen gesprochen hat?" „Ja." „Man sollte es nicht für möglich halten!" Die Sache ging ihm dermaßen nahe, daß er die Augen schloß, sein sorgfältig frisiertes Haupt in die Ecke lehnte und im Schlaf Erholung suchte.

Die beiden Wachtmeister tauten ein wenig auf und fingen ein Gespräch mit mir an, in dessen Verlauf sich herausstellte, daß der eine von ihnen, der schwarzbärtige, früher in New York Polizist gewesen war, weswegen er sich veranlaßt fühlte, gegen mich ein besonderes Wohlwollen an den Tag zu legen.

In Frankfurt mußte umgestiegen werden. Ein intelligent aussehender Herr geleitete uns zu dem Baseler D-Zug, in dem sogar ein Abteil erster Klasse reserviert war, stellte sich vor – Kriminalkommissar Dr. Soundso – und führte die Unterhaltung in so unbefangener und vornehmer Art, daß ich aufs angenehmste überrascht war. Sonderbar kam es mir vor, daß er immer nur Herr Doktor angeredet wurde. Herr Leutnant, Herr Doktor – warum in aller Welt denn nicht Herr Kriminalkommissar?

Eine so große Menschenmenge hatte sich in Karlsruhe am Bahnhof eingefunden, um ihre Sensationslust zu befriedigen, daß der Herr Leutnant nur durch ausgiebigen Gebrauch seiner Kommandostimme den Weg zum bereitstehenden Wagen freizumachen vermochte. Auf der Fahrt schimpfte er weidlich auf den Beamten, der da wieder mal nicht dicht gehalten habe, und drohte demselben harte Strafe an, falls er ihn erwische. Bei ihm in Baden-Baden komme so etwas nicht vor, dafür kenne er seine Leute, aber in Karlsruhe, da könnten sie halt das Maul nicht halten.

Es war schon spät, als wir im Untersuchungsgefängnis anlangten. Der Herr Hausinspektor kam in Pantoffeln herausgeschlurft, führte uns in sein Bureau, und die Übernahme fand statt. Nachdem meine Eskorte sich entfernt hatte, plauderten wir noch eine halbe Stunde sehr gemütlich miteinander, dann forderte er mich auf, ihm zu folgen. Die beste Zelle im Hause sei für mich bestimmt, die sogenannte Krankenzelle, größer und besser eingerichtet als die anderen, aber dafür müsse ich mich bequemen, mit noch zwei anderen Untersuchungsgefangenen zusammen zu sein. Untersuchungsgefangenen, betonte er, nicht Strafgefangenen. Trotzdem war mir der Gedanke höchst zuwider; ich bat, mir lieber die schlechteste Einzelzelle anzuweisen. Ja, hieß es, das ginge nun heute nicht mehr, aber ich könnte ja morgen mit dem Herrn Oberamtsrichter über die Sache sprechen.

Die Zelle war wirklich recht geräumig. Drei Betten standen darin, zwei davon belegt. Ich zog mich aus und schlief ein.

Kapitel 5. Verhöre

Der ältere meiner beiden Zellengenossen war ein Maurer, ein schon bejahrter Mann von einfachem, geradem Wesen, der nicht viel sprach und offenbar zum Spitzel gar kein Talent hatte. Desto mehr Anlagen dazu hatte der jüngere, eine problematische Natur, Hans Dampf in allen Gassen, mir gleich von Anfang an zuwider wegen seiner Aufdringlichkeit. Wer die zwei ausgesucht hatte zu ihrer ehrenvollen Mission, weiß ich nicht. Jedenfalls war die Idee, mich von ihnen ausholen zu lassen, reichlich naiv. Als der Untersuchungsrichter sie später ins Gebet nahm, wußte der ältere gar nichts zu erzählen und der jüngere nur banale Schwätzereien, mit denen nicht das geringste anzufangen war.

Das ziemlich am Rande der Stadt gelegene Gefängnis, ein ganz neues Gebäude, war in Form eines Rechtecks um einen Innenhof herum gebaut, alle Zellen gingen nach innen, so daß die Bestimmung des Hauses von außen kaum zu erkennen war. Nach dem Ministerialdirektor, der den Plan entworfen hatte, wurde es Villa Hübsch genannt. Außerdem gab es im Hofe des Landgerichts noch ein zweites Untersuchungsgefängnis, einen uralten Kasten, in dem sich nur die Flöhe und Wanzen wohl fühlten. Ich wurde zwischen beiden hin und her versetzt, je nach Gutdünken der Machthaber.

Schon am ersten Vormittag kam der Untersuchungsrichter herausgefahren. Als ich das Besuchszimmer betrat, saß da am Tisch ein untersetzter Herr, indifferenten Gesichts, vielleicht Anfang der Vierziger, dessen Haar schon leicht ergraut war. Seitwärts ein junger Gerichtsschreiber, der sich krampfhaft bemühte, seine Erregung und Neugierde nicht zu verraten. Ich wurde aufgefordert, Platz zu nehmen, die Personalien wurden festgestellt, und dann ging der Tanz los. Nach kurzer Zeit war es mir klar, daß der Untersuchungsrichter meine Schuld für eine ausgemachte Sache hielt. Er ging nicht vor wie jemand, der in eine dunkle Sache Licht hineinzubringen sucht, sondern er wollte ein Geständnis haben, und als er merkte, daß ein solches nicht zu erreichen war, sah er seine ganze Aufgabe darin, Belastungsmaterial gegen mich zusammenzubringen. Wenn meine Antworten ihm nicht paßten, wurde sein Ton gereizt. Die unter der offiziellen Maske schlecht versteckte Animosität brach durch, er ließ sich hinreißen zu beleidigenden Ausfällen.

Das brachte mich natürlich in Harnisch. Den Grund seines Verhaltens habe ich erst viel später erfahren. Mein Verteidiger und er waren Duzfreunde aus der Pennälerzeit her. Als nun Dr. Dietz von London zurückgekehrt war, hatte ihn der Untersuchungsrichter am Biertisch gefragt – als Privatmann den Privatmann –, was er von dem Angeklagten für einen Eindruck bekommen habe. Na, so gut wie gestanden hat er. Schön, das ist ja angenehm zu hören, dann wird er mir wohl auch ein Geständnis ablegen. Mir gegenüber erwähnte der Untersuchungsrichter von dieser Unterhaltung am Biertisch kein Wort, wohl aber seinen Kollegen gegenüber, so daß es bald in den Karlsruher Juristenkreisen hieß, der Angeklagte habe seinem Verteidiger in London ein Geständnis abgelegt. Man scheint sich sogar mit dem Gedanken getragen zu haben, den Untersuchungsrichter in der Hauptverhandlung als Zeugen zu vernehmen über dieses Biertischgespräch, aber davon sah man dann doch ab; ich weiß nicht, ob deshalb, weil Dr. Dietz über den Mißbrauch des Vertrauens Zeter schrie und mit Repressalien drohte, oder ob man der Einsicht kam, daß aus dem tatsächlichen Inhalt der Londoner Unterredung kein Kapital zu schlagen war. Dann natürlich erklärte Dr. Dietz: Der Angeklagte hat mir keineswegs gesagt, er sei der Täter, sondern er hat sich nur geweigert, mir über das Motiv zu seiner Reise nach Baden-Baden Aufschluß zu geben, und als ich ihm darauf bemerkte, unter diesen Umständen müsse ich die Verteidigung so einrichten, wie wenn ich ihn für den Täter halte, hat er gesagt, ich könne das halten wie ich wolle; und dies habe ich damals als ein Geständnis aufgefaßt.

Als mir das Biertischgespräch später zur Kenntnis kam, konnte ich es dem Untersuchungsrichter nicht mehr verübeln, daß er mich gleich beim ersten Verhör wie einen Schuldigen behandelt hatte. Aber damals hatte ich von dem Grunde seiner Voreingenommenheit keine Ahnung und war über dieselbe mit Fug aufgebracht. Die Strafprozeßordnung schreibt ausdrücklich vor, daß der Untersuchungsrichter ein objektiver Ermittler des Tatbestandes sein soll, gleichermaßen bemüht, Entlastungs- wie Belastungsmaterial zu sammeln. Dieser Untersuchungsrichter aber ignorierte die Möglichkeit, daß der Angeklagte vielleicht nicht der Täter war, vollkommen. Für ihn gab es nur eins: mit List aus mir herauslocken, was ich freiwillig nicht gestehen wollte.

Indessen, wenn er geglaubt hatte, auf diese Weise etwas zu erreichen, so hatte er sich getäuscht. Ich erklärte ihm rundheraus, ich lehne unter solchen Umständen ein für allemal ab, irgendwelche Aussagen zu machen. Wenn er seine Aufgabe einzig und allein darin erblickte, Holz zu meinem Scheiterhaufen zusammenzuschleppen, so gedächte ich nicht, ihm dabei behilflich zu sein. Dem Handlanger des Staatsanwalts hätte ich weiter nichts mehr zu sagen.

Gerade als wir mitten in der schönsten Auseinandersetzung waren, öffnete sich die Tür, und herein schritt – ich muß schon sagen: schritt – der Herr Oberamtsrichter und Gefängnisvorstand. Ein schmächtiger, kleiner Mann, sehr intelligentes Gesicht, sehr selbstbewußt, in Ausdruck und Gebärde etwas Spitziges, Spöttisches. Ich glaube, vom ersten Augenblick an bestand zwischen uns Feindschaft. Er sah in mir einen verstockten Verbrecher, den zu überführen seiner überlegenen Klugheit doch gelingen müsse. Eigentlich kam es ihm gar nicht zu, sich mir gegenüber in dieser Weise zu betätigen, aber er betrachtete sich von Anfang an als außerordentlichen Hilfsarbeiter des Untersuchungsrichters und des Staatsanwalts, die er, wie er wohl wußte, geistig entschieden überragte. Mußte er, solange die Untersuchung gegen mich im Gange war, sein Licht einigermaßen unter den Scheffel stellen, so trat er dagegen, als im Gefolge der Hauptverhandlung eine ganze Anzahl von *causes célèbres* wie Pilze aufsproßten, in den Vordergrund und übernahm eine führende Rolle. Er wurde im Prozeß Lindenau zum Untersuchungsrichter bestellt und verhörte mich als Zeugen. Was er in dieser Eigenschaft geleistet hat – ich werde noch davon zu erzählen haben –, war ein feines Stück Arbeit, dem zwar der von ihm gewünschte Erfolg ausblieb, weil er von einer falschen Voraussetzung ausging, das aber nichtsdestoweniger Anerkennung verdiente. Ohne Frage war er von den Beamten, mit denen ich zu tun hatte, der fähigste; ich habe sogar manchmal gedacht, er habe das Zeug in sich, von dem allgemeinen Vorurteil loszukommen und den Fall auch einmal aus einem anderen Gesichtspunkt ins Auge zu fassen; darin freilich täuschte ich mich.

Wie er nun zu uns hereinkam, mit einer Miene, die deutlich zu verstehen gab: ich bin hier der Herr im Haus, fiel mir auf, mit welcher Beflissenheit, um nicht einen noch stärkeren Ausdruck zu gebrauchen, der Untersuchungsrichter ihn begrüßte, er, der Landgerichtsrat, den Jüngeren und im Range unter ihm Stehenden. Man hätte fast sagen können, er machte ihm den Hof. Nachdem ein für meine Begriffe sehr reichliches Maß von Höflichkeiten ausgetauscht war, trat der Herr Oberamtsrichter auf mich zu und fragte: „Haben Sie irgend etwas vorzubringen?"

Ich benutzte die Gelegenheit und sprach den Wunsch aus, so bald wie möglich aus der Gemeinschaftshaft in Einzelhaft übergeführt zu werden. Er schlug es rundweg ab und fügte in dem ihm eigenen mokanten Ton hinzu: „Sie können ja gegen meinen Entscheid bei der Strafkammer Beschwerde einlegen, und gegen den Entscheid der Strafkammer steht Ihnen sogar noch eine Berufung offen an das Oberlandesgericht."

Dann fuhr er fort: „Was die Verköstigung anlangt, so hat der Hausinspektor den Auftrag, innerhalb vernünftiger Grenzen Ihren Wünschen Rechnung zu tragen. Das gleiche gilt mit Bezug auf Bücher und Zeitungen. Aber es ist dabei nicht außer acht zu lassen, daß Sie Gefangener sind und unter einer schweren Anklage stehen. Jeder Luxus bleibt ausgeschlossen. Im übrigen haben Sie sich der Hausordnung unbedingt zu fügen. Übertretungen werden disziplinarisch geahndet."

Ich hatte darauf nichts zu erwidern. Er schüttelte dem Untersuchungsrichter kollegialisch die Hand, nickte dem von seinem Sitz auffahrenden Schreiber gnädig zu, nickte auch mir zu, aber durchaus nicht gnädig, sondern im Gegenteil höchst ungnädig, so gemessen wie möglich, man konnte mit einiger Anstrengung zur Not noch gerade eben so etwas wie einen Gruß darin sehen, und dann schritt er hinaus.

Diesen effektvollen Abgang nahmen sich dann bald darauf der Herr Untersuchungsrichter und der Herr Gerichtsaktuar zum Vorbild. Am nächsten Tage werde das Verhör fortgesetzt werden.

Ich blieb allein im Zimmer zurück, mit Gedanken, die nicht sehr erfreulich waren. Optimist war ich bezüglich des Ganges der Untersuchung nie gewesen. Aber ich entdeckte jetzt, daß ich mir doch ein wenig Hoffnung gemacht hatte, es werde mir gelingen, den Untersuchungsrichter von meiner Unschuld zu überzeugen oder ihm doch meine Schuld wenigstens zweifelhaft erscheinen zu lassen. Eine törichte Hoffnung in der Tat.

Der Oberaufseher, ein freundlicher alter Mann, kam herein und meldete mir den Besuch meines Verteidigers an, der noch am Tor vorn mit dem Herrn Untersuchungsrichter im Gespräch sei. „Ein tüchtiger Mann, der Herr Doktor, der wird schon wissen, wie er's anzufangen hat, Sie freizukriegen. Da können Sie sich darauf verlassen. Er war doch früher selber Richter und kennt sich aus. Und was für ein strammer Richter ist der gewesen! Manschetten haben sie vor ihm gehabt, die Spitzbuben."

Der Herr Doktor kam, wie er sagte, um sich nach dem Verlauf des ersten Verhörs zu erkundigen. Natürlich wußte er schon Bescheid, sein Freund hatte sich wohl schon bei ihm beklagt über meine Halsstarrigkeit. Er fragte, ob ich dieses System des Aussageverweigerns während der ganzen Voruntersuchung beizubehalten gedächte. Es stehe mir allerdings frei, mich in Schweigen zu hüllen, aber ob mir das von Nutzen sei, könne bezweifelt werden. Offenbar hatte auch er ein Geständnis erwartet. Also wieder einer, der von meiner Schuld überzeugt war. Und mein Verteidiger gar. Einen Augenblick schwankte ich, ob ich ihn nicht bitten sollte, die Verteidigung niederzulegen; aber mein Vater hatte ihn beauftragt und würde es nicht gern sehen, wenn ich mich seiner entledigte. Und sein Nachfolger würde mir am Ende noch weniger sympathisch sein. Also lassen wir's in Gottes Namen dabei bewenden. Unsere Beziehungen wurden lange nicht besser. Er hat mich damals in einem Briefe als den widerwärtigsten Klienten bezeichnet, den er je gehabt habe.

Die Beschwerde wegen meiner Unterbringung in Gemeinschaftshaft reichte er sofort ein. Sie wurde von der Strafkammer abgelehnt. Aber der nächste Schritt hatte Erfolg. Das Oberlandesgericht entschied, daß ich Anspruch hätte auf Einzelhaft, da kein begründeter Verdacht bestehe, daß ich versuchen würde, mir das Leben zu nehmen.

Über diesen Punkt war vermutlich der Hausarzt zur Erstattung eines Gutachtens aufgefordert worden. Derselbe hatte mich untersucht und mir, so gut er es vermochte, auf den Zahn gefühlt. Ein noch verhältnismäßig junger Assistent des Bezirksarztes, wohlbeleibt und jovial, mit einer Vertrauen erweckenden roten Nase. Er kam mir freundlich entgegen, was ich als eine angenehme Abwechslung dankbar zu schätzen wußte. Von ganz anderem Schrot und Korn war sein Chef, der Herr Medizinalrat, der in der Hauptverhandlung als Gutachter über meinen Geisteszustand eine bedeutende Rolle spielte. Zwecks Abfassung seines Gutachtens hat er mich zweimal besucht, das erstemal in meiner Zelle. Auf dem Tisch lag gerade ein neuer Band von Wells: Anticipations. Er nahm das Buch in die Hand, beschaute es tiefsinnig und sagte: „Anticipations, das ist ja wohl Englisch, wie würden Sie das ins Deutsche übersetzen?" Überrascht über diese Frage, erwiderte ich ihm, das Wort antizipieren werde ja auch bei uns als Fremdwort gebraucht im gleichen Sinne, den es im Englischen habe. „Nun ja," beharrte er, „antizipieren, das sagt man bei uns auch, aber was bedeutet es?" Das war mir denn doch zu arg; ich lehnte ab, mich von ihm in dieser Weise examinieren zu lassen. Er nickte verständnisvoll und machte mit einem Bleistiftstummel eine Eintragung in das schmierige schwarze Notizbuch, das er zwischen den Fingern hielt. Weiß der Teufel, was er da hineingeschrieben hat, es lag mir auf der Zunge, ihn zu fragen. Darauf schaute er mir unter die Augendeckel, klopfte mit der flachen Hand gegen mein Knie, und was dergleichen Mätzchen mehr sind, immer fleißig Notizen machend. Die Komödie wurde unterbrochen durch einen Aufseher, der den Herrn Medizinalrat ans Telephon rief, von wo er nicht mehr zurückkehrte. Einige Zeit nachher folgte die Fortsetzung, diesmal in dem kleinen Zimmer des Oberaufsehers, in das ich hinuntergeholt wurde, wahrscheinlich damit der alte Herr sich nicht durch Treppensteigen zu echauffieren brauchte. Er saß da am Tisch, mit dem bewußten Notizbuch bewaffnet, das inzwischen womöglich noch schmutziger, und dem Bleistiftstummel, der inzwischen noch kürzer geworden war, und erfüllte das Lokal mit einem furchtbaren Qualm aus einer dicken schwarzen Zigarre, deren bloßer Anblick Übelkeit verursachte. Diesmal stellte er nur Fragen und trug die Antworten gewissenhaft in das Notizbuch ein. Einen naheliegenden Ausgangspunkt bot der Glimmstengel, den ich mit unverhohlener Aversion betrachtete. Ob ich Raucher gewesen sei? Zigarren, Zigaretten? Wie viele am Tag? Trinker? Wein, Bier, Schnaps? Wie viele am Tag? Weiber? Wie viele am Tag – oder nein, in der Woche? Ein Zyniker, der Herr Medizinalrat.

Wunderbar, wie die Genesis dieses Gutachtens, war sein Inhalt. Es wird später noch davon die Rede sein.

Zu den folgenden Verhören kam der Untersuchungsrichter nicht mehr zu mir heraus, sondern ich wurde jedesmal von zwei Kriminalbeamten im Wagen nach dem Landgericht befördert. Mit großer Ausdauer und auf alle mögliche Weise versuchte der Herr Landgerichtsrat, mich zum Reden zu bringen. Das zweite Verhör begann er damit, daß er mir eine längere Darstellung der gegen mich vorliegenden Indizien gab. „Sie müssen doch einsehen," schloß er, „daß der Beweis vollkommen lückenlos ist. Sie kommen von London nach Baden-Baden gereist in einer Vermummung, die keinen Zweifel darüber läßt, daß Sie nichts Gutes im Schilde führen. Ihrer Frau sagen Sie, Sie hätten auf dem Kontinent geschäftlich zu tun – offenbar eine Lüge. Warum diese Lüge? Weil Sie ihr doch nicht sagen konnten, daß dieses Geschäft darin bestand, ihre Mutter zu ermorden. Sie schärfen Ihrer Frau ein, daß sie diese Reise vor jedermann geheimhalten soll. Warum das? Damit man in Baden-Baden nicht argwöhnisch werde …"

„Verzeihen Sie, daß ich Sie unterbreche, Herr Untersuchungsrichter. Meine Reise vor den Damen in Baden-Baden geheimzuhalten, war so wenig meine Absicht, daß ich meine Frau ausdrücklich beauftragt habe, dieselben davon zu unterrichten. Sie hat sie auch davon unterrichtet."

„So? Nun, das ist ein nebensächlicher Punkt. Die Hauptsache: Sie reisen in der unheilverkündenden Vermummung von Frankfurt nach Baden-Baden, treiben sich den ganzen Nachmittag in der Umgebung der Villa Molitor herum, wo Sie zahlreichen Personen auffallen durch Ihr verdächtiges Aussehen und Benehmen, am Abend locken Sie Ihre Schwiegermutter aus dem Hause heraus unter Vorspiegelung falscher Tatsachen, und unterwegs wird die Dame ermordet. Sie sind doch Jurist und zu intelligent, um die absurde Behauptung aufzustellen, daß gerade an dem Tage, gerade zu der Stunde zufällig irgendein Dritter daherkommt und Ihre Schwiegermutter totschießt."

„Ich stelle gar keine Behauptung auf. Aber gestatten Sie mir einen Einwand. Sie sagen, ich sei Jurist und tun mir die Ehre an, mich für intelligent zu halten. Ich gebe Ihnen das Kompliment zurück und frage Sie: Würden Sie, falls Sie einen solchen Mord geplant hätten – ich mache die Annahme natürlich nur *argumenti causa* –, würden Sie die Ausführung des Planes in einer so blödsinnigen Weise bewerkstelligen, wie Sie das bei mir voraussetzen? Würden Sie sich Perücke und Bart bei dem Friseur des Hotels anfertigen lassen, wo man Ihren Namen kennt? Würden Sie nicht, wenn Sie unterwegs bemerken, wie Sie allen Leuten auffallen, sich sagen: sobald hier in der Nähe ein Verbrechen passiert, wird der Verdacht todsicher auf mich fallen? Mit anderen Worten: sind nicht gerade die Indizien, die Sie für so belastend halten, ein Beweis dafür, daß ich eine solche Tat gar nicht im Sinne gehabt haben kann, als ich in der Vermummung nach Baden-Baden fuhr und mich dort, wie Sie sagen, den ganzen Nachmittag in der Umgebung der Villa Molitor herumtrieb?"

Er schüttelte den Kopf. „Gerade die schlauesten Verbrecher begehen oft die größten Dummheiten. Ein Glück, denn sonst könnten wir sie nicht fassen. Die Tatsache wird Ihnen bekannt sein."

„Es ist mir bekannt, daß die schlauesten Verbrecher bisweilen bei der Ausführung der bestgeplanten Verbrechen irgendeine Dummheit begehen, die ihnen dann verhängnisvoll wird. Aber das habe ich noch nie gehört, daß ein intelligenter Verbrecher einen Plan entwirft und ausführt, der von Anfang bis zu Ende nichts weiter ist als eine einzige riesige Dummheit. Der größte Trottel hätte sich nicht dümmer benehmen können."

„Aber wenn Sie nicht nach Baden-Baden gefahren sind, um Ihre Schwiegermutter zu ermorden, weshalb sind Sie denn nach Baden-Baden gefahren? Und wozu die Vermummung? Sie schweigen. Was kann Ihr Schweigen anders bedeuten, als daß Sie sich schuldig fühlen?"

„Oh, mir scheint, es könnte auch etwas anderes bedeuten."

„Möchte wissen, was. Und dann noch eins: Sie haben schon früher einmal den Versuch gemacht, Ihre Schwiegermutter aus dem Wege zu räumen."

„Wahrhaftig? Bei welcher Gelegenheit?"

„In Paris. Als Sie im Oktober mit Ihrer Frau und Ihrer Schwägerin im Hotel Regina waren, haben Sie Ihrer Schwiegermutter nach Baden-Baden telegraphiert, sie solle sofort nach Paris kommen, ihre Tochter Olga sei erkrankt. Sie haben das Telegramm, damit Ihre Handschrift nicht erkannt werden könne, mit Majuskeln geschrieben, und Sie haben das Telegramm mit dem Vornamen Ihrer Frau unterzeichnet. Ihre Frau wußte nichts von dem Telegramm. Und Ihre Schwägerin war gar nicht krank. Aber die alte Dame reiste natürlich sofort nach Paris, wo Sie wahrscheinlich beabsichtigt haben, sie irgendwo, vielleicht beim Ostbahnhof in einer menschenleeren Gegend, zu ermorden."

„Das klingt ja sehr plausibel. In einer menschenleeren Gegend am Ostbahnhof. Sie sind wohl noch nie in Paris gewesen, Herr Untersuchungsrichter?"

„Nun, wenn nicht dort, dann irgendwo anders. Es werden noch genaue Nachforschungen im Hotel angestellt werden."

„So, so, wer weiß, was dabei zutage kommen mag. Aber Indizien eines Mordversuchs werden nicht zutage kommen, darauf können Sie sich verlassen. Und weshalb glauben Sie, daß der Mord dann doch nicht erfolgte?"

„Wie kann ich das wissen? Vielleicht wurden Sie anderen Sinnes, oder vielleicht fand sich keine Gelegenheit."

„Mir scheint, an Gelegenheit hätte es sicher nicht gefehlt. Ich hätte ja nur für ein paar tausend Franken einen Apachen zu mieten brauchen, der die Sache besorgt hätte. Ganz so blödsinnig dumm, wie der von Ihnen angenommene Plan, wäre das nicht einmal gewesen. Aber freilich immer noch dumm genug. Denn das Telegramm hätte doch natürlich den Verdacht auf mich gelenkt. Nein, diese Pariser Mordgeschichte ist so wenig glaubwürdig wie die andere."

Am Schluß der Sitzung sollte das Protokoll angefertigt und von mir unterschrieben werden. Ich verweigerte die Unterschrift. Der Herr Untersuchungsrichter ergrimmte. Ließ sich zu Invektiven hinreißen, die natürlich nur die Wirkung hatten, mich in meinem Vorsatz zu bestärken. Darauf diktierte er dem Gerichtsschreiber eine Anzahl von Sätzen, die alle nach dem gleichen Grundriß gebaut waren, etwa so: Auf die Frage, weshalb er am 6. November in einer Vermummung von Frankfurt nach Baden-Baden gefahren sei, verweigerte der Angeschuldigte die Antwort – oder: Befragt, weshalb er sich am Nachmittag des 6. November stundenlang in der Umgebung der Villa Molitor herumgetrieben habe, verweigerte der Angeschuldigte die Antwort. Dieses magere Protokoll unterschrieb der Untersuchungsrichter dann selber.

Tags darauf aber ließ er mich wieder holen und versuchte sein Glück von neuem. Einige Protokolle, die mit der Tat selber nichts zu tun hatten, sondern sich auf mein Vorleben bezogen, unterschrieb ich. Der Untersuchungsrichter hatte schon im Rheinland eine Menge von Verwandten, Freunden und Bekannten über meine Vergangenheit und über meinen Charakter einvernommen, ließ die günstigen Aussagen unter den Tisch fallen und sammelte eifrig alles, was sich in der Anklageschrift gegen mich verwenden ließ. Daß ich zeitlebens ein sonderbarer Kauz gewesen war, das konnte man wohl aus den verschiedenen Berichten entnehmen. Interessant war es mir, bei dieser Gelegenheit zu erfahren, wie meine Schulkameraden und Universitätsfreunde über mich urteilten. Einige bekannten sich tapfer zu mir, ungeachtet der schwarzen Wolke, die jetzt über mir hing; andere merkten, was der Untersuchungsrichter gerne hörte, und waren bestrebt, ihm dienlich zu sein. Erstaunlich, wie wenig Mühe es macht, das Vorleben eines Menschen, den man eines schweren Verbrechens für schuldig hält, in das entsprechende Licht zu rücken; die harmlosesten Begebenheiten gewinnen dann plötzlich eine neue Bedeutung.

Was ich selber erzählte über die letzten fünf Jahre, die ich in Washington verlebt hatte, wurde mit ausgesprochener Skepsis entgegengenommen. Ja, man ging so weit, mir anzudeuten, man sei überzeugt, ich hätte während dieser Zeit ein Abenteurerdasein geführt, sei weder als Anwalt zugelassen noch zur Professur an der Universität. Die Erhebungen, die man drüben anstellen werde, würden zweifellos ergeben, daß das alles nichts sei als amerikanischer Humbug.

Noch abenteuerlicher aber als mein Leben in Amerika kam dem Untersuchungsrichter und dem Staatsanwalt mein Tun und Treiben im Orient vor. Das war schon direkt hochstaplerisch. Konnte ich leugnen, daß der Kern aller türkischen Geschäfte Bestechung gewesen sei? Daß sich alles drehte um Bakschisch? Der deutsche Botschafter in Konstantinopel, Freiherr von Marschall, war über diesen Punkt als Zeuge vernommen worden. Seine Exzellenz würde wahrscheinlich den Sommerurlaub in Baden verbringen, wurde mir gesagt, und könne ja nötigenfalls in der Hauptverhandlung als Zeuge gehört werden. Worauf ich erwiderte, daß mir das sehr angenehm wäre, da es mir Gelegenheit gäbe, an den Herrn Botschafter die Frage zu stellen, ob es überhaupt Sitte und möglich sei, Geschäfte mit der türkischen Regierung anders zu machen als mit Hilfe von Bakschisch; ob z. B. Krupp und die Deutsche Bank ihre Geschäfte anders machten. Sonderbar war der Schlußsatz der Aussage des Botschafters. Es sei zwar in Konstantinopel über mich nichts Nachteiliges bekannt geworden, und mein Auftreten sei das eines Gentleman gewesen, was ja aber nicht ausschließe, daß ich das mir zur Last gelegte Verbrechen hernach doch begangen habe. – Herr von Marschall ist badischer Staatsanwalt gewesen, ehe er Diplomat wurde.

Unter den bei mir beschlagnahmten Sachen hatte man auch eine Anzahl Hotelrechnungen aus der Konstantinopler Zeit gefunden. Eines Tages sagte man mir, es sei doch eine maßlose Verschwendung gewesen, daß ich jeden Tag Hunderte von Franken verausgabt hätte. Ich bestritt das. Man wies mir die Rechnungen vor, in denen allerdings solche Ziffern standen. Aber es waren nicht Franken, sondern Piaster. Einerlei, fünfzig bis siebzig Mark pro Tag sei ein wahnsinniger Luxus. Ich bestritt auch das. Wer im Orient große Geschäfte einleiten wolle, müsse viel Geld ausgeben, da der Orientale solchen Äußerlichkeiten eine entscheidende Bedeutung beimesse. Aber man wußte es besser. Ich war und blieb ein Abenteurer und Verschwender.

Kapitel 6. Fahrten

Nun glaubte der Untersuchungsrichter, nachdem seine Hoffnung, durch Kreuzverhöre ein Geständnis zu erzielen, gescheitert war, noch einen Trumpf in der Hand zu haben, und den spielte er jetzt aus.

Eines Abends wurde ich darauf vorbereitet, daß ich am nächsten Morgen nach Baden-Baden gebracht würde. Zu welchem Zweck? Achselzucken. Ich konnte es mir ja denken.

Es ging zuerst mit der Bahn bis Oos. Hier standen zwei Wagen bereit, in den einen stieg der Untersuchungsrichter mit dem Staatsanwalt und in den anderen der Angeklagte, begleitet, wie üblich, von zwei Kriminalbeamten, denen sich als Dritter hier noch der ältere der beiden Wachtmeister zugesellte, die mich in London abgeholt hatten. Der Herr Wachtmeister begrüßte mich leutselig und stellte unterwegs viele Fragen, die ich ihm zum Teil, wenn und wie es mir gerade paßte, beantwortete und zum Teil nicht. Seine Zudringlichkeit und Wichtigtuerei verdrossen mich; wo ich ihn auf eine falsche Fährte locken konnte, tat ich es mit Vergnügen. Daß dieser grobschlächtige, täppische Mensch sich einbildete, mich ausforschen zu können, war ja auch grotesk. Zum Sherlock Holmes fehlte dem Herrn Wachtmeister nicht weniger als alles. Ich habe es immer als ein besonderes Pech betrachtet, daß gerade er als erster sich am Tatort eingefunden und die ersten Nachforschungen angestellt hat.

Als wir uns der Bäderstadt näherten, fuhr der Wagen rechts in ein Seitental ein, dann durch einen Wald bergan, bis wir auf die Höhe kamen, von der die Kaiser-Wilhelm-Straße hinunter nach der Lichtentaler Allee führt. An den berühmten Lindenstaffeln hielten wir. Der Untersuchungsrichter trat an den Schlag, forderte mich auf, auszusteigen. Die Straße war beiderseits gesperrt, hinter der Sperre eine große Menschenmenge.

Bleich vor innerer Erregung standen wir einander gegenüber. Er hob die Hand. „Angeklagter, es ist meine Pflicht, Sie hier an der Stelle, wo die blutige Tat geschehen ist, mit aller Eindringlichkeit zu ermahnen, legen Sie ein reumütiges Geständnis ab."

Ich sagte, ich hätte kein Geständnis abzulegen, da ich mich nicht schuldig fühlte.

Auch der Staatsanwalt trat herzu und redete mit hastigen Worten auf mich ein. Ich schenkte ihm gar keine Beachtung. Darauf wurde mir befohlen, von der Stelle, wo der Schuß abgegeben worden war, mit eiligen Schritten bergan zu gehen und in die Lindenstaffeln einzubiegen. Ich tat, wie geheißen. Der Zweck der Übung war folgender. Meine Schwägerin hatte ausgesagt, sie habe, als ihre Mutter tot neben ihr niedersank, sich umgeblickt und gesehen, wie ein Mann mit aufgeschlagenem Mantelkragen flüchtigen Laufs in die Lindenstaffeln einbog. Man wollte ihr also Gelegenheit geben, sich darüber zu äußern, ob ich mit dem Mann identisch sei.

Ich wurde wieder in den Wagen verladen und nach dem Bahnhof gebracht. Der Auftritt hatte mir sehr zugesetzt, ich fühlte mich matt und elend. Aber der Herr Wachtmeister ließ mir keine Ruhe.

„Jetzt sagen Sie mir doch mal," hob er an, „wo habe Se denn nur den Revolver hingeschmisse, wie Se durch die Gärte nach dem Bahnhof gelaufe sind?"

Ich sah ihn verständnislos an. Ich hätte überhaupt keinen Revolver fortgeworfen und sei durch keine Gärten gelaufen.

„Aber gehn Se, das könne Se mer doch ruhig sage. Sie sin die Lindestaffeln runtergesprunge un habe sich dann seitwärts in die Büsche geschlage. Das heißt, Se sin übers Gitter geklettert un durch die Gärte vom Hotel Meßmer nach der Bahn. Wir habe sell ausprobiert un gefunde, daß mer auf die Art zum Bahnhof nit mehr Zeit braucht, als Se bis zur Abfahrt des Zuges noch gehabt habe."

Ich mußte lachen. „Eine geniale Idee, Herr Wachtmeister. Mir scheint, ich hätte, wenn ich wirklich da bei Nacht und Nebel durch mir unbekannte Gärten gestiefelt wäre, Hals und Beine gebrochen."

Er zwinkerte verschmitzt mit den Augen. „Oh, so unbekannt sin Ihne die Gärte vom Hotel Meßmer nit gewese. Sie habe ja einige Monate vorher im selben Hotel gewohnt. Bei der Gelegenheit werde Se schon alles ausgekundschaft habe."

„Ah, daran habe ich nicht gedacht. Stimmt. Ich habe einige Monate vorher im Hotel Meßmer gewohnt. Und bei der Gelegenheit habe ich die Topographie der Gärten studiert und mir die Stelle gemerkt, wo ich später über das Gitter klettern würde. Aber, wie konnte ich denn damals schon wissen, daß ich gerade an dieser Stelle der Lindenstaffeln das Bedürfnis haben würde, mich seitwärts in die Büsche zu schlagen, wie Sie so schön sagten? Wußte ich denn damals schon, daß ich gerade oben in der Kaiser-Wilhelm-Straße den Mord begehen würde?"

„Ha nu, freilich werde Se das gewußt habe. Warum denn nit?"

„Herr Wachtmeister, Ihr Scharfsinn wird mir unheimlich."

„Wolle Se mer nit sage, wo Se den Revolver hingeschmisse habe? Ich hab in dene Gärte kei Fleckche undurchsucht gelasse, tagelang hammer da rumgestöbert, aber nie nix gefunde. Ich hab gesagt, er hat den Revolver mitgenomme. Aber der Herr Leutnant sagt, nein, er hat ihn fortgeschmisse, das mache se alle so, das erschte, was se tun, wenn se wieder denke könne, is, daß se sich des „Korpus deliktus" entledige. Ausgenomme, wo es sich um hartgesotтene Gewohnheitsverbrecher handelt. Na, un daß Se dees nit sin, werde Se doch wohl zugebe."

„Ja, ich geb's zu. Gern. Aber ich kann nicht zugeben, daß ich an dem Abend einen Revolver fortgeworfen habe. Tut mir leid. Hätte Ihnen mit Vergnügen den Gefallen getan. Zumal da Sie eine so gute Meinung von mir haben."

„Weil ich gesagt hab, Se sin kei Gewohnheitsverbrecher? Na, das is doch so. Mer kann ja schließlich begreife, wenn einer seine Schwiegermutter totschießt. Kommt öfter vor. Erst neulich war da wieder so'n Fall, in Thüringe, wo mer recht is. Der Mann hat bloß a paar Jährle Gefängnis gekriegt. Mildernde Umständ habe se'm zugebilligt. Hahaha. Werde wohl zum größte Teil verheiratet gewese sin, de Herren Geschworene. Aber natürlich, er hat gestande. Sobald einer gesteht, kriegt die Sach gleich a ander Gesicht. Na, und daß Se mit Ihrer Schwiegermutter sich nit immer gut vertrage habe, wisse mer hier in Bade doch auch. Sie war net so ohne, die Frau Medizinalrat, von ihre Dienstbote hat keins lang bei ihr ausgehalte…"

In diesem Sinne und in diesem Tone redete er noch lange weiter, der Herr Wachtmeister, und kam sich wahrscheinlich sehr schlau vor. Die beiden anderen waren sichtlich beeindruckt von seiner meisterhaften Menschenbehandlung und lauschten andächtig, um von dieser Kunst auch was zu profitieren. Ich gab ihm schließlich keine Antwort mehr, lehnte mich zurück und schloß die Augen.

* * * * *

Das war die erste Fahrt nach Baden-Baden. Einige Zeit nachher folgte die zweite.

Diesmal ließ man mich die Strecke von der Post bis zu den Lindenstaffeln im Schnellschritt zurücklegen, um festzustellen, daß es möglich war, nach dem Telephongespräch noch rechtzeitig den Tatort zu erreichen.

Es folgte eine längere Sitzung im Amtsgericht. Der Untersuchungsrichter stellte mich den Personen gegenüber, die an dem Nachmittag des 6. November die fragwürdige Gestalt mit dem falschen Bart in der Umgebung der Villa Molitor gesehen hatten. Ich saß in einem Nebenzimmer mit Barbarossa-Sherlock Holmes zusammen, von Zeit zu Zeit öffnete sich die Tür, hereinkam der Zeuge oder die Zeugin, beguckte mich mit einem Gesicht, in dem die verschiedensten Gefühlsmischungen sichtbar waren, und verschwand wieder. Einer der Zeugen, der Postbeamte, der mir das Telephongespräch vermittelt hatte, schritt tapfer ganz nahe an mich heran, musterte mich unbefangen und furchtlos und fragte: „Nicht wahr, Sie sind es doch gewesen, der an dem Abend telephoniert hat?" Worauf ich erwiderte: „Natürlich bin ich's gewesen."

Als er gegangen war, bemerkte der Herr Wachtmeister: „Na, sehn Se, es is doch viel gescheiter, man sagt frei heraus, wie's gewesen is. Mache Se nur so fort, am End lege Se doch noch ein Geständnis ab. 's hat ja gar keinen Zweck, zu leugnen. Mer habe ja Zeugen im Überfluß, un von alle Sorte."

Der wichtigste unter den Zeugen war der Kutscher Braun. Er hatte an dem Abend des 6. November auf der Lichtentaler Allee einen Fahrgast aufgenommen und zum Bahnhof gefahren.

Dort habe ihm der Herr, ohne nach dem Preis zu fragen, zwei Mark gegeben. Als er mir gegenübergestellt wurde, erklärte er, mit absoluter Sicherheit könne er zwar nicht sagen, daß ich der Herr gewesen sei; aber er glaube doch, mich wiederzuerkennen. In der Anklageschrift war es demnach eine ausgemachte Sache, daß ich die Droschke des Kutschers Braun benutzt hatte, und der Staatsanwalt verfehlte nicht, besonderen Nachdruck auf die zwei Mark zu legen. Wer konnte es anders gewesen sein als der Angeklagte? Wer gibt einem Kutscher für eine so kurze Fahrt zwei Mark, ohne nach dem Tarif zu fragen? Nur ein solch notorischer Verschwender. Nun hatte der Kutscher allerdings ausgesagt, daß er seinen Fahrgast am Alleehaus aufgenommen habe, einige hundert Meter von der Einmündung der Lindenstaffeln in die Allee entfernt, nach Lichtental zu, also in entgegengesetzter Richtung vom Bahnhof. Das konnte natürlich nicht stimmen, und so nahm denn der Staatsanwalt einfach an, daß der Kutscher Braun sich irre und daß ich in Wirklichkeit an den Lindenstaffeln beim Kaiserin-Augusta-Denkmal eingestiegen sei. Auf das Gedächtnis eines Droschkenkutschers ist ja nicht viel zu geben.

Braun war übrigens der einzige unter den Badener Zeugen, der mich *ohne* Bart gesehen hatte. Woraus die Anklage schloß, daß ich den Bart gleich nach der Tat abgerissen hatte.

Zuletzt geleitete der Untersuchungsrichter noch höchsteigenhändig eine vornehme alte Dame zu mir herein und fragte dieselbe, nachdem sie mich durchs Lorgnon beaugenscheinigt hatte: „Erkennen Exzellenz in dem Angeklagten die fragliche Person wieder?"

Die alte Dame nickte. „Ja, das ist er; kein Zweifel, das ist der fliegende Holländer."

„Schaun Se," schmunzelte der Herr Wachtmeister, nachdem sich die Tür hinter den beiden geschlossen hatte, „da hammer sogar eine kommandierende Generalswitwe, die Se gesehn hat. Zeuge von alle Sorte."

* * * * *

Und nun mußte ich schließlich auch noch nach Frankfurt geschleppt werden, zwecks Konfrontierung mit dem Hotelfriseur und dem Hotelportier. Am Bahnhof war wieder der „Herr Doktor" zum Empfang erschienen, der mir fast den ganzen Tag nicht von der Seite wich und sich offenbar bei der Gelegenheit gern mit besonderem Ruhm bedeckt hätte.

Als wir im Untersuchungsgefängnis angelangt waren, beurlaubte er die beiden Karlsruher Kriminalbeamten bis zum Abend – sie sollten sich Frankfurt ein bißchen ansehen, sagte er, womit sie sehr einverstanden schienen – und brachte mich in einen Raum, der nicht wie eine Zelle aussah, sondern wie ein gutbürgerliches Wohnzimmer. Er lud mich ein, neben ihm auf dem Sofa Platz zu nehmen, bot mir eine Zigarre an und sagte: „So, nun machen Sie sich's bequem. Wenn Sie irgendwelche Wünsche haben in bezug auf Speisen oder Getränke, es soll an nichts fehlen. Sie wissen ja, wie es in der Bibel heißt: Lasset uns essen und trinken und fröhlich sein, denn morgen müssen wir sterben."

Das berührte mich einigermaßen peinlich. „Glauben Sie, daß mir das Sterben schon so nahe bevorsteht? Sie sehen mich wohl schon auf dem Schafott?"

„Ach nein," versetzte er lachend, „das war nur ein Scherz, man wird Sie nicht hinrichten. Der alte Großherzog wird das Todesurteil nicht unterzeichnen. Ohnehin schon nicht, und dieses Jahr erst recht nicht. Über den Punkt brauchen Sie sich keine Sorge zu machen."

„Wer sagt Ihnen, daß ich mir über den Punkt Sorge mache? Auch bin ich ja noch nicht zum Tode verurteilt."

„Sie rechnen doch nicht mit einem Freispruch?"

Ich zuckte die Achseln und schwieg. Er betrachtete eine Weile tiefsinnig seine Zigarre und meinte dann: „Wissen Sie, für mich liegt der Fall nicht so einfach. Die Anklagebehörde nimmt Mord an. Daß Sie den Schuß abgefeuert haben, darüber kann ja vernünftigerweise kein Zweifel sein. Aber ich könnte mir doch auch denken, daß es sich nicht um einen Mord handelt, sondern um einen Totschlag. Mir kommt das sogar wahrscheinlicher vor. Die ganze Art und Weise, wie Sie die Sache inszeniert haben, Ihr Benehmen an dem Tage und vorher, die Maskerade, das alles deutet nicht so sehr auf ein mit kalter Überlegung begangenes Verbrechen als auf ein im Affekt begangenes. Den Eindruck hatte ich schon, als ich bei meinen Nachforschungen in den hiesigen Hotels sogleich auf Ihren Namen stieß und feststellte, daß Sie sich den Hotelfriseur aufs Zimmer kommen ließen, um den falschen Bart bei ihm zu bestellen. So unzweckmäßig handelt doch jemand nicht, der kalten Blutes einen Mord geplant hat. Und, wie ich höre, haben Sie ja auch in London den Bart vom Hotelfriseur anmachen lassen. Ich will einmal annehmen, Sie hätten in London den Plan gefaßt, sich mit Hilfe eines falschen Bartes unkenntlich zu machen, nach Baden-Baden zu fahren und Ihre Schwiegermutter zu ermorden. Dann wären Sie doch nicht zu einem Friseur gegangen, der Sie kannte. Sie wären in London überhaupt nicht zu einem Friseur gegangen, weil Sie sich sagen mußten: Da man weiß, ich bin von London gekommen, wird man dort nachforschen. Sondern ich denke mir, Sie wären etwa nach Paris gefahren und hätten sich dort einen Bart besorgt, in welchem Falle eine Entdeckung so gut wie ausgeschlossen gewesen wäre. Anstatt dessen kommen Sie hierher nach Frankfurt, steigen im Hotel unter Ihrem richtigen Namen ab, geben dem Portier ein Telegramm an Ihre Frau zur Besorgung, das Sie später sehr belasten muß, lassen sich vom Hotelfriseur einen falschen Bart ankleben und machen sich auf den Weg nach Baden-Baden. Kurzum, Sie handeln, wie wenn Sie es geradezu darauf abgesehen hätten, uns ein Verfehlen Ihrer Spur unmöglich zu machen. Entweder waren Sie nicht recht bei Sinnen, oder Sie dachten gar nicht an ein Verbrechen.«

»Nehmen Sie einmal an, das letztere sei der Fall gewesen. Ich dachte gar nicht an ein Verbrechen. Was hindert Sie, noch einen Schritt weiter zu gehn und anzunehmen, daß ich auch tatsächlich kein Verbrechen begangen habe?«

»Aber es steht doch fest, daß Sie Ihre Schwiegermutter erschossen haben.«

»Nein, ich habe meine Schwiegermutter nicht erschossen.«

»Bah, wer soll es denn sonst gewesen sein?«

Ich schwieg.

»Irgend jemand muß es doch gewesen sein. Also wer?«

Ich schwieg.

»Wenn Sie es nicht selbst gewesen sind, müssen Sie den Täter kennen. Denn daß Sie mit der Tat in gar keinem Zusammenhang stehen, wird Ihnen in alle Ewigkeit nie ein Mensch glauben.«

So redeten wir hin und her, stundenlang, ohne daß etwas dabei herauskam. Schließlich mußte der Herr Doktor einsehen, daß mit mir nichts zu machen sei. Hoffentlich haben ihm die Zigarren nicht leid getan, die er an mich gewendet hat, und die Liebenswürdigkeit, mit der er mich behandelte.

Im Laufe des Nachmittags fand die Konfrontierung mit den Zeugen statt. Friseur und Portier erkannten mich wieder.

* * * * *

Wohin konnte man wohl sonst noch fahren? Nach Konstantinopel? Das war denn doch etwas zu weit. Aber der Staatsanwalt hielt es für nötig, bei der Vernehmung der Pariser Zeugen zugegen zu sein. Diese Vernehmung konnte natürlich nur durch einen französischen Richter geschehen, aber er wollte dabei sein. Also auf nach Paris.

Mich nahm er nicht mit. Aber den Verteidiger lud er ein, ihn zu begleiten. Unterwegs sagte er diesem, er werde alles mögliche tun, um eine Verurteilung wegen Mordes durchzusetzen, denn wenn die Geschworenen auf Totschlag erkannten, so könnten mir am Ende noch mildernde Umstände zugebilligt werden, so daß ich mit einer verhältnismäßig geringen Gefängnisstrafe davon käme. Was unbedingt eine Kalamität sein würde.

Nach der Rückkehr von Paris fragte ich Dr. Dietz, was die Zeugenvernehmung für ein Ergebnis gehabt hätte. Nichts von Belang. Das Zimmermädchen im Hotel Regina hatte ausgesagt, daß an dem Tage vor dem Eintreffen der Mutter zwischen meiner Frau und mir ein heftiger Wortwechsel stattgefunden habe. Meine Frau habe viel geweint.

Indizien eines Mordversuchs zu entdecken, war dem Staatsanwalt nicht geglückt. Das Original des Telegramms war gefunden worden. Man hatte es einem Sachverständigen übergeben zur Begutachtung der Handschrift.

Kapitel 7. In der Klinik

Mitte März war die Untersuchung im wesentlichen abgeschlossen. Blieb noch die Frage meiner Zurechnungsfähigkeit. Diese sollte, wie üblich, durch einen sechswöchigen Aufenthalt in einer psychiatrischen Klinik geklärt werden, und zwar war dazu diejenige des Professors Hoche in Freiburg ausersehen.

Der Professor stattete mir in Karlsruhe einen kurzen Besuch ab. Das war nun freilich ein anderer Typ als der Bezirksarzt. Ein bedeutender Gelehrter, mit weltmännischen Allüren. Von einer großen Sicherheit des Auftretens. Während er in ungezwungener und überlegener Weise die Unterhaltung führte, beobachtete er mich genau, die blauen Augen hinter der goldenen Brille waren von einer rücksichtslosen Eindringlichkeit. Kein angenehmes Gefühl, so als Objekt wissenschaftlicher Untersuchung dienen zu müssen.

Dieser Mann sollte feststellen, ob ich am 6. November im vollen Besitz meiner Geisteskräfte gewesen und also für die Tat – falls ich sie begangen – verantwortlich war. Wie konnte er das feststellen? Untersuchung – Beobachtung – Studien der Akten – genügte das, sich ein Urteil zu bilden?

Es war mir natürlich bekannt, daß mein Verteidiger seine einzige Hoffnung auf das psychiatrische Gutachten setzte. Sah er doch überhaupt keine andere Möglichkeit der Verteidigung, als auf geminderte Zurechnungsfähigkeit zu plädieren. Und daß ich geistig nicht normal sei, war für ihn außer Zweifel. In dieser Richtung hatten sich bisher alle seine Schriftsätze bewegt.

So fuhr ich denn an einem sonnigen Vorfrühlingstag wieder einmal durch die wohlbekannten Straßen der Stadt Freiburg. War es wirklich erst sechs Jahre her, daß ich als fröhlicher Student hier gehaust hatte?

Draußen, gegen Herdern zu, lag die Klinik, ein weitläufiges Gebäude mit vielen Höfen und Gärten. Ein Assistenzarzt nahm mich in Empfang und übergab mich nach kurzem Examen dem Oberwärter, der mich durch Säle und Hallen bis an das äußerste Ende eines der Seitenflügel geleitete, wo er eine mit Glasfenstern versehene Tür öffnete und mich freundlichst einlud, das für mich bestimmte Gemach zu betreten. Es war ein einfach eingerichtetes kleines, aber sehr hohes Zimmer mit einem fast bis zur Decke reichenden Fenster, das aus zahlreichen dicken und in eisernen Rahmen gefaßten Scheiben bestand und nur im oberen Teil geöffnet werden konnte durch eine von außen in Betrieb gesetzte Vorrichtung. Auf diese Weise war Fluchtversuchen ein Riegel vorgeschoben, ohne daß der Raum durch ein Gitter das Aussehen einer Gefängniszelle bekam. Der Oberwärter, der mich mit ungeheurer Höflichkeit behandelte, sprach die Hoffnung aus, daß ich mich hier wohl fühlen möchte; er sei angewiesen, alle meine Wünsche im Rahmen des Möglichen zu erfüllen, und habe zu meiner Bedienung einen Wärter ausgesucht, mit dem ich sicher zufrieden sein würde, den besten, den er habe. Sollte ich aber über irgend etwas zu klagen haben, so bitte er mich dringend, ihm zunächst davon Mitteilung zu machen und nicht gleich den Herrn Geheimen Hofrat anzugehen. Die Art, wie er den „Herrn Geheimen Hofrat" in den Mund nahm, war sehr vielsagend.

Er brachte den Wärter herbei und stellte ihn mir vor. „So, das wäre also der Michel." Michel hatte sich die ungeheure Höflichkeit seines Vorgesetzten zum Muster genommen und gab sich alle Mühe, denselben noch zu übertreffen. Das war ein fortwährendes: Jawohl, Herr Rechtsanwalt. – Bitte sehr, Herr Rechtsanwalt. – Wie Sie wünschen, Herr Rechtsanwalt; für den Umgang mit Geisteskranken vielleicht die richtige Art, aber mich berührte es anfangs höchst unangenehm. Später gewöhnte ich mich daran.

„Wenn der Herr Rechtsanwalt jetzt ein Stündchen spazierengehn will," sagte Michel, nachdem der Oberwärter sich entfernt hatte, „ich stehe zur Verfügung."

In mehreren Höfen, an denen ich vorbeigekommen war, hatte ich Geisteskranke herumlaufen sehen, zum Teil schreiend und wild gestikulierend; um keinen Preis der Welt hätte ich mich unter diese begeben mögen.

„Aber nein," sprach Michel mit der Miene und dem Ton einer Mutter, die ihr verängstigtes Kind beruhigt, „was denken Herr Rechtsanwalt. Ich werde doch Herrn Rechtsanwalt nicht mit den Kranken zusammenbringen. Herr Rechtsanwalt hat einen eigenen Hof für sich, wo er ganz allein ist. Gleich hier unter dem Fenster, Herr Rechtsanwalt. Sie sehn, es ist kein Mensch drin."

In der Tat, vor dem Fenster lag ein kleiner Hof mit einer gedeckten Wandelhalle, umgeben von einer ziemlich niedrigen Mauer, jenseits derer Wiesen und Felder sichtbar waren, im Hintergrund bewaldete Berge. Wir gingen hinaus, und Michel tat sein möglichstes, mich gut zu unterhalten.

Mittags servierte er ein gutes und reichliches Essen und half getreulich die Flasche Wein austrinken. Dann besorgte er Zigarren, Bücher und Zeitungen, erkundigte sich, ob der Herr Rechtsanwalt noch Wünsche habe, und zog sich zurück.

Wie ich nun in behaglicher Ruhe am Tisch sitze und lese, da höre ich plötzlich draußen ein Geräusch. Ich schaue auf und erblicke an dem Fenster der Tür ein Gesicht – ein so furchtbar verzerrtes Gesicht, daß es mir kalt über den Rücken läuft. Als ich mich der Tür nähere, fängt der Irre an zu reden, hastig sich überstürzende, kaum verständliche Worte, begleitet von grotesken Bewegungen der Arme und Beine, dann reißt er sich das Nachthemd vom Leibe und tanzt nackt im Gange herum. Aber schon kommt Michel herbeigestürzt, beruhigt ihn, zieht ihm das Hemd wieder an und marschiert mit ihm ab. Gleich ist er wieder da, tritt zu mir herein und erschöpft sich, da er mein Entsetzen sieht, in Gesten und Worten der Beschwichtigung. „Aber nein, Herr Rechtsanwalt, da müssen Sie sich nicht drüber aufregen, das hat ja weiter nichts auf sich, der arme Herr ist ganz harmlos, tut keiner Fliege was zuleid, und zu Ihnen herein hätte er ja überhaupt gar nicht kommen können, weil doch die Türe verschlossen ist."

„Wo haben Sie ihn hingebracht? Haben Sie ihm die Zwangsjacke angelegt?"

„Aber nein, Herr Rechtsanwalt, kein Gedanke. Zwangsjacken gibt es bei uns sozusagen überhaupt nicht. Bei uns wird alles mit Güte gemacht. Ins Bad hab ich ihn gesteckt, da sitzt er jetzt im warmen Wasser und ist ganz vergnügt. Ein ganz harmloser Mensch."

„Was ist es für ein Mensch?"

„Ein Arzt, Herr Rechtsanwalt, ein sehr tüchtiger Arzt mit einer großen Praxis. Er hat sich zu sehr angestrengt und ist ein bißchen übergeschnappt. Aber es geht schon besser mit ihm, bald wird er wieder gesund sein."

Langsam ebbte die Erregung in mir ab, aber das Erlebnis hinterließ einen tiefen Eindruck. Es war mir unheimlich in dem Haus. Abends, wenn ich im Bett lag, lauschte ich gespannt auf jedes Geräusch, und so oft aus der Ferne das Geschrei eines Kranken zu mir drang, ließ meine Phantasie Schreckensbilder vor mir erstehen. Ich mußte zu Schlafmitteln meine Zuflucht nehmen. Meist gab man mir Paraldehyd, an das ich mich leider bald so gewöhnt hatte, daß ich es nicht mehr entbehren konnte.

Alle paar Tage kam der Geheimrat auf eine halbe Stunde und nahm mich unter die Lupe. Ich gab ihm auf seine Fragen wahrheitsgemäßen Bescheid, so schwer mir dies auch manchmal wurde, denn er sondierte in die geheimsten Winkel der Seele hinein. Über die Prozeßtatsachen selber sprach er nicht. Ich hatte den Eindruck, daß er mich für schuldig hielt.

Nach Ablauf einiger Wochen erhielt ich den Besuch meines Verteidigers. Er war auf der Durchreise nach Italien, wo er sich einige Zeit erholen wollte. Er sagte, er habe den Geheimrat aufgesucht, um von ihm zu erfahren, wie das Gutachten voraussichtlich ausfallen würde, aber der habe es abgelehnt, im gegenwärtigen Zeitpunkt sich zu äußern. Er denke auf jeden Fall noch ein zweites Gutachten einzuholen und werde sich zu diesem Zwecke an Professor Aschaffenburg in Köln wenden. Ich protestierte. Noch einmal sechs Wochen in eine Irrenanstalt! Ich hatte genug an dieser. Darauf erwiderte er, ein nochmaliger Aufenthalt in einer Klinik sei nicht erforderlich, der Professor werde mich im Untersuchungsgefängnis besuchen und sich auf Grund dieser Besuche und des Aktenstudiums ein Urteil bilden.

„Wo reisen Sie hin?" fragte ich ihn, als er sich verabschiedete.

„Nach Santa Margherita."

„Santa Margherita!" rief ich aus. „Santa Margherita Ligure?"

„Ja, an der ligurischen Küste, bei Rapallo. Kennen Sie es?"

Und ob ich es kannte! Ein merkwürdiger Zufall. In diesem kleinen Städtchen lag eine der Wurzeln des Unglücksbaumes, dessen bittere Frucht jetzt reif geworden war. Aber davon stand nichts in den Akten. Dr. Dietz sah mich neugierig an.

Ich gab einen ausweichenden Bescheid und fragte dann: „Haben Sie immer noch die Absicht, auf Totschlag zu plädieren?"

„Ich sehe keine andere Möglichkeit. Hoffentlich lautet das Gutachten des Geheimrats wenigstens auf verminderte Zurechnungsfähigkeit. Das Gesetz kennt den Begriff zwar eigentlich nicht, aber es ließe sich doch etwas damit machen. Wenn Sie an dem 6. November ganz normal waren, ist das Todesurteil so gut wie sicher. Doch da fällt mir ein, ich habe schon bisweilen den Gedanken gehabt, es könnte hier ein Fall von *aberratio ictus* vorliegen."

„*Aberratio ictus?* Was ist denn das?" Ich hatte den Ausdruck wirklich noch nie gehört. Doch begriff ich natürlich sofort, was er meinte.

„Nun, es ließe sich doch denken, daß der Schuß gar nicht Ihrer Schwiegermutter galt, sondern einer anderen."

„Welcher anderen?"

„Überflüssige Frage. Es kommt doch nur eine in Betracht, Ihre Schwägerin."

„Welch eine phantastische Idee! Und angenommen, es wäre so, was würde es helfen? Die Sache bleibt dieselbe."

„O nein, die Sache bleibt nicht dieselbe. Wenn Sie nach Baden-Baden gefahren sind, um Ihre Schwiegermutter totzuschießen, und man in Ermangelung eines anderen das Raubmordmotiv zugrunde legt, so wird eine Verurteilung wegen Mordes herauskommen. Haben Sie aber Ihre Schwägerin treffen wollen, so hat man es wahrscheinlich mit einer im Affekt begangenen Tat zu tun. Also Totschlag oder gar Körperverletzung mit tödlichem Ausgang."

„Aber weshalb sollte ich meine Schwägerin haben totschießen wollen? Dafür wäre noch schwerer ein Motiv zu entdecken als in dem anderen Fall. Nein, es ist nichts mit der *aberratio ictus*. Schlagen Sie sich den Gedanken aus dem Kopf."

„Meinetwegen. Es ist ja nicht meine Haut, die zu Markte getragen wird. Solange Sie mir keinerlei Aufschluß geben, muß ich versuchen, einer verzweifelt schlechten Sache die beste Seite abzugewinnen. Ich tappe ja, ebenso wie der Untersuchungsrichter und der Staatsanwalt, mit der Stange im Nebel herum. Bloß daß die Herren es so sehr viel leichter haben als ich. Nun, es ist noch nicht aller Tage Abend. Vor Juli wird die Hauptverhandlung wohl nicht stattfinden, bis dahin kann noch allerhand passieren."

„Was haben Sie in der letzten Zeit von meiner Frau gehört?"

„Ich habe ihr geschrieben, sie möge einmal nach Karlsruhe kommen und mir Gelegenheit geben zu einer Aussprache. Sie ist immer noch in Oldenburg bei ihrer Freundin. Ich habe ihr auch klaren Wein eingeschenkt darüber, daß ich, falls das Hochesche Gutachten negativ ausfällt, Ihre Verurteilung zum Tode oder zu lebenslänglichem Zuchthaus für sehr wahrscheinlich halte. Darauf antwortete sie, sobald das Gutachten vorliege, werde sie kommen. Ich bin sicher, daß eine mündliche Rücksprache vieles klären würde. Vor allem möchte ich von ihr Genaueres in Erfahrung bringen über die Vorgänge in Paris und über die vorhergegangenen zwei Wochen Ihres Aufenthalts in Baden-Baden. Wie kamen sie eigentlich dazu, Ihre Schwägerin mit nach Paris zu nehmen?"

„Eh nun, meine Frau hat sie eingeladen. Da ist doch nichts Befremdliches dabei. Übrigens sehe ich nicht ein, was diese Familienangelegenheiten mit meinem Prozeß zu tun haben. Es wäre mir lieb, Herr Doktor, wenn Sie Ihre Tätigkeit auf ein anderes Feld verlegten."

Ärgerlich schaute er mich an. Ein widerwärtiger Klient! Wie oft mag er schon versucht gewesen sein, mir sein Mandat vor die Füße zu werfen. Seiner damaligen Überzeugung nach wäre es für mich das einzig Richtige gewesen, mich aufzuhängen. Nicht ohne Hintergedanken mochte er mir die Geschichte eines hessischen Oberlandesgerichtsrats erzählt haben, der vor kurzem, wegen Sittlichkeitsverbrechens angeklagt und schwer belastet, sich der öffentlichen Verhandlung durch Selbstmord entzogen hatte.

* * * * *

Ich war froh, als mein Aufenthalt in der Klinik sich seinem Ende näherte. Ging es mir auch, äußerlich betrachtet, ziemlich gut, so wurde mir doch das Beisammensein mit den Geisteskranken immer unerträglicher. Ich glaube, ich wäre mit der Zeit selber krank geworden.

Inzwischen war der Frühling ins Land gekommen. Die Obstbäume jenseits der Mauer standen in Weiß und Rosa. Wenn ich von meinem Fenster aus die festtäglich geputzten Menschen vorüberspazieren sah, tat mir das Herz weh. Bisweilen kam mir der Gedanke: Dies ist der letzte Frühling, den du erleben wirst.

An den Ostertagen hatte Michel eine Radtour gemacht in den Schwarzwald, durch das Höllental nach Titisee, auf den Feldberg und weiter. Er konnte nicht fertig werden mit Erzählen. Wir saßen auf der Bank im Hof – Sonnenschein und Vogelgezwitscher um uns herum, im Hintergrund die dunkelgrünen Berge –, der Brave genoß noch einmal in der Mitteilung alle Freuden seines sauerverdienten Osterausfluges und ahnte nicht, wie schmerzvoll für mich das Zuhören war. Seinem naiven Gemüt stand es außer Frage, daß ich freigesprochen würde. Hundertmal versicherte er mir: „Herr Rechtsanwalt, Sie werden sehen, in einigen Monaten sind Sie frei. Man kann Sie doch nicht verurteilen. Es ist doch nur ein Indizienbeweis." Aber außer der im Volke vielfach verbreiteten Überzeugung, daß auf einen Indizienbeweis hin keine Verurteilung zum Tode erfolgen könne, lag dem noch ein anderer Gedanke zugrunde, den er sich hütete offen auszusprechen, nämlich der Gedanke: eine Krähe hackt der anderen die Augen nicht aus.

Der Geheimrat fragte mich bei seinem letzten Besuch, ob ich glaubte, an dem 6. November ein geistig ganz gesunder Mensch gewesen zu sein. Ich sann eine Weile nach und gab zur Antwort, ich könne das weder bejahen, noch verneinen.

„Das heißt: Sie wissen es nicht?"

„Ich kann die Frage weder bejahen, noch verneinen. Bitte begnügen Sie sich mit diesem Bescheid."

An einem schönen Apriltag fuhr ich mit meiner Eskorte, es waren diesmal sogar drei, die Zähringerstraße entlang, an meiner alten Studentenbude vorüber, nach dem Bahnhof. Der Zug war überfüllt. In unserem Abteil saß am Fenster ein schlankes Mädel, blutjung, deren Plappermäulchen nicht eine Minute stillstand. Unausgesetzt hielt sie mit ihren Fragen meine Begleiter in Atem, deren harte Polizeiseelen weich wurden unter den warmen Strahlen ihrer Augen und die sich trotz aller amtlichen Zurückhaltung dem Zauber ihres fröhlichen Wesens nicht entziehen konnten. Nur ich blieb schweigsam und in mich gekehrt. Aber des öfteren bemerkte ich, wie sie mich forschend ansah mit einem Blick, in dem zu lesen war: Was ist das denn nur für ein steifleinener Bursche, der den Mund nicht aufmacht und ein Gesicht aufsetzt, als wären wir anderen alle nicht vorhanden? – Liebes Kind, wenn die drei dir gesagt hätten, wer dir da gegenübersaß, das Lachen wäre dir im Halse steckengeblieben und die großem braunen Augen hätten sich geweitet vor Schreck.

In Karlsruhe auf dem Bahnhof lebensgefährliches Gedränge. Ich arbeitete mich durch das Gewühl hindurch und bemerkte auf einmal, daß meine drei Begleiter nicht mehr zu sehen waren. Ich hatte für eine kurze Zeit die Freiheit wiedergewonnen. Wie nun, wenn ich die Gelegenheit benutzte, mich in den nächsten, eben abgehenden Zug setzte und davonfuhr? Gott, was hätte das für einen Aufruhr gegeben bei der heiligen Hermandad!

Als ich mich dem Ausgang näherte, standen die drei mit belämmerten Gesichtern, aufgeregt gestikulierend, beieinander. Wahrscheinlich haben sie einige sehr unangenehme Minuten durchlebt. Daß sie mich vor Freude nicht umarmten, war alles.

Kapitel 8. Der Tod meiner Frau

Das Gutachten des Geheimrats fiel so aus, wie ich erwartet hatte. Der Paragraph 51 kam nicht in Frage. Ganz normal sei ich zwar nicht – wer ist denn das –, aber Psychopath auch nicht.

Dr. Dietz teilte dies Ergebnis meiner Frau mit und forderte sie nochmals auf, zu einer Aussprache nach Karlsruhe zu kommen. Sie kam. Zunächst erbat sie seinen Rat zur Regelung gewisser Erbschaftsverhältnisse, und dann wollte sie wissen, ob sie selber eigenhändig ein rechtsgültiges Testament machen könne. Sie sei fest entschlossen, den Tag der Verhandlung nicht zu erleben. Von diesem Entschluß ließ sie sich auch nicht abbringen durch den Hinweis darauf, daß man im voraus nie wissen könne, wie so eine Verhandlung ausgehe, und daß ein günstiger Ausgang, wenn auch nicht wahrscheinlich, so doch immerhin möglich sei. Sie erwiderte: „Herr Doktor, ich sehe Ihnen an, daß Sie an einen günstigen Ausgang selber nicht glauben. Sie sind, ebenso wie ich, überzeugt, daß mein Mann zum Tode verurteilt wird. Jedenfalls will ich mich nicht der Gefahr aussetzen, in öffentlicher Gerichtssitzung intime Familienangelegenheiten ans Licht zerren zu müssen."

Dr. Dietz war überrascht. „Was für intime Familienangelegenheiten? Davon weiß ich ja gar nichts."

„Hat Ihnen mein Mann nichts davon gesagt – von seinen Beziehungen zu meiner Schwester Olga?"

„Kein Wort hat er mir davon gesagt. Es ist doch überhaupt nichts aus ihm herauszubringen. Aber jetzt geht mir ein Licht auf: Ihr Mann ist nach Baden-Baden gereist, nicht um seine Schwiegermutter zu erschießen, sondern um seine Schwägerin..."

„Ja, darin besteht seine Schuld, daß er hinter meinem Rücken nach Baden gefahren ist, um sich mit Olga zu treffen. Was dann weiter geschehen ist, weiß ich nicht, es interessiert mich auch nicht so sehr. Sie sehen, ich bin eine alte Frau, ein Wrack, reizlos – da hat er sich von mir ab der Jüngeren zugewandt, die ja auch pikanter ist als ich. Übrigens ist das zwischen den beiden nicht erst neueren Datums, sie hatten schon vor sechs Jahren etwas miteinander."

„Was Sie da sagen, ist von ungeheurer Wichtigkeit. Bitte erzählen Sie mir alles von Anfang an, so ausführlich wie möglich."

„Was soll das für einen Zweck haben? Die Öffentlichkeit braucht darüber nichts zu erfahren. Ich nehme mein Wissen mit ins Grab, mein Mann wird weiter schweigen, und meine Schwester wird selbstverständlich auch schweigen. Ich werde meinen Mann veranlassen, daß er nach mir auch in den Tod geht. Das Kind soll in Olgas Hände kommen, denn da wird es nach dem Tode der Eltern noch die meiste Liebe finden. Sie selber möchte ich bitten, das Amt des Vormunds zu übernehmen."

Dr. Dietz bezeigte nicht die mindeste Lust, das Amt des Vormunds zu übernehmen, gab auch seinem Zweifel Ausdruck darüber, ob Fräulein Olga für das Kind die geeignete Erzieherin sei, wollte aber vor allem Näheres hören über die Beziehungen zwischen dem Angeklagten und seiner Schwägerin.

War es nun das Bedürfnis, sich vor ihrem Tode einmal mit einem Menschen rückhaltlos über diese Dinge auszusprechen, oder verfolgte sie damit irgendeinen Zweck, oder war es eine momentane Schwäche – sie hat ihm alles erzählt, was er zu wissen begehrte. Ich bin überzeugt, daß sie das später bereut hat. Denn wenn sie wirklich, wie sie sagte, deshalb in den Tod gehen wollte, damit diese Geschichte nicht *coram publico* besprochen würde, so machte sie durch die Erzählung ihren Schritt illusorisch. Daß Dr. Dietz das Geheimnis nicht in seinem Busen begraben würde, mußte ihr bei einigem Nachsinnen klar werden.

Was sie nun erzählte, hat Dr. Dietz später im Herzog-Prozeß unter Eid bekundet. Es war im wesentlichen folgendes:

„Ich war im Februar 1901 mit meiner Mutter und meiner Schwester Olga zur Erholung nach Korsika gereist. In Ajaccio im Hotel de Suisse lernten wir einen jungen Studenten kennen, mit dem wir mehrere Wochen lang freundschaftlich verkehrten. Dem jungen Mann gefiel meine Schwester sehr gut, und er gefiel ihr auch. Es hat sich dabei nur um einen harmlosen Flirt gehandelt. Nach einiger Zeit reiste ich in Begleitung eines befreundeten älteren Ehepaares von Ajaccio ab, um mich über Bastia, Livorno, Florenz nach Genua zu begeben, wo ich mich einer Tante anschließen wollte, die zu längerem Aufenthalt nach Süditalien zu gehen beabsichtigte. Der Student reiste mit. Schon unterwegs in Corte bemerkte ich, daß zwischen mir und dem fünf Jahre Jüngeren, den ich bis dahin, eben wegen dieses Altersunterschiedes, nicht sonderlich beachtet hatte, eine starke Sympathie erwachte, und diese Sympathie steigerte sich im weiteren Verlauf der Reise immer mehr, bis sie zuletzt in Florenz zu einer heftigen Leidenschaft angewachsen war. Von Florenz nach Genua reisten wir beide allein. Es kam zu einem Geständnis. Aber die Sache war aussichtslos, an eine Heirat nicht zu denken. So verlebten wir denn in Genua unter den Augen der ahnungslosen Tante einige freudevolle Tage, und dann schlug die Stunde der Trennung. Wir kamen überein, uns nicht wiederzusehen, auch nicht miteinander korrespondieren zu wollen. Ich fuhr mit der Tante zu Schiff nach Neapel, er fuhr zur Nachkur nach Montreux, wo sich inzwischen auch meine Mutter und meine Schwester eingefunden hatten. Der in Ajaccio begonnene freundschaftliche Verkehr wurde in Montreux fortgesetzt, und ich habe Grund, anzunehmen, daß dabei Olgas Gefühle für den jungen Mann wärmer wurden. Er selber suchte ihre Gesellschaft, weil er mit ihr über die abwesende Schwester plaudern konnte – es war wie ein letztes Band, das ihn noch mit mir verknüpfte, ihm den Trennungsschmerz ein wenig linderte. Schließlich reisten meine Mutter und meine Schwester nach Hause; er ging nach Freiburg, um seine Studien fortzusetzen. Aber kaum in Freiburg angelangt, sah er, daß der Pakt, sich jeder Korrespondenz mit mir zu enthalten, über seine Kräfte ging, er schrieb mir einen leidenschaftlichen Brief, der sich kreuzte mit einem ähnlichen Brief, den ich an ihn geschrieben hatte. Diesen ersten Briefen folgten andere, die das Übel verschlimmerten. Anfang Juni sollte ich von Rom nach Baden-Baden zurückkehren und mich nach dem Willen meiner Mutter dort mit einem Offizier verloben. Ich war halb und halb bereit, das zu tun, um unter die hoffnungslose Leidenschaft einen endgültigen Strich zu ziehen. Aber ich war auch schwach genug, daß ich dem Manne, den ich liebte, den Wunsch nicht abschlagen konnte, mich vorher noch einmal, ein letztes Mal, zu sehen. Wir trafen uns in Luzern. Die paar Stunden des Beisammenseins waren mit bitterem Schmerz durchtränkt, das Auseinandergehen herzzerreißend.

Nun war ich wieder in Baden-Baden. Meine Schwester erzählte von Montreux und ließ wohl merken, was für Zukunftshoffnungen sie auf die dort entstandene größere Intimität gründete. Auch die Mutter äußerte sich sehr wohlwollend.

Am zweiten Tage nach meiner Ankunft ging ich gegen Mittag die Lichtentaler Allee entlang nach dem Bahnhof. Ich war sehr niedergeschlagen. Das Leben schien mir unerträglich. Ich fragte mich: Wirst du über diese Sache hinwegkommen? Und die Antwort lautete: Nein. Da sah ich in der Ferne eine wohlbekannte Gestalt langsam auf mich zukommen, erst traute ich meinen Augen nicht, aber kein Zweifel, er war es. Er kam, mir einen Vorschlag zu machen. Welchen Vorschlag? Diesen: „Da wir nicht zusammen leben können, so wollen wir zusammen in den Tod gehen." Ich war sofort einverstanden.

Das, was nun kommt, die Flucht nach der Schweiz und mein Selbstmordversuch in Realp ist Ihnen ja aus den Akten bekannt."

„In großen Zügen ist es mir bekannt. Aber ich bitte Sie trotzdem, erzählen Sie weiter, damit ich in der Sache ganz klar sehe. Es ist doch jetzt das erste Mal, daß ich einen authentischen Bericht über diese Vorgänge höre."

„Es widerstrebt mir, über diese glücklich-unglücklichen Tage Worte zu machen. Das für Sie Wissenswerte ist rasch gesagt. Wir versuchten zunächst, uns Gift zu verschaffen. Das gelang nicht. Dann kaufte er einen Revolver, und ich ließ mir das Versprechen geben, daß er zuerst mich und dann sich selber erschießen werde. Aber jedesmal, wenn er dazu ansetzte, versagte ihm die Kraft. Ich sah, er konnte nicht. Wir waren schließlich nach längerem Hin- und Herfahren in einem Dörfchen an der Furka, Realp, gelandet, und dort beschloß ich, auf jeden Fall ein Ende zu machen. Während er für einige Augenblicke das Zimmer verlassen hatte, brachte ich mir einen Schuß in die Brust bei. Ich hatte auf das Herz gezielt, aber die Kugel ging dicht daran vorbei. Noch einmal zu schießen war mir nicht möglich, da er sofort herbeigestürzt kam, mir den Revolver entriß und einen Arzt holte. Auch telegraphierte er an meine Mutter und an seinen Vater, die beide nach Realp kamen."

„Also den Schuß haben Sie selber abgegeben?" fragte Dr. Dietz. „Ich weiß nicht, ob es Ihnen bekannt ist, daß Ihre Schwester Luise, die ja damals auch nach Realp kam und Sie gepflegt hat, behauptet, es habe nicht ein Selbstmord-, sondern ein Mordversuch vorgelegen."

„Hören Sie weiter. Meine Mutter und der Vater meines Mannes kamen nach Realp. Was sollte nun geschehen? Die einfachste Lösung schien: man läßt uns heiraten. Kompromittiert war ich jetzt, es blieb für mich, wenn ich weiterleben sollte, gar nichts anderes übrig als diese Heirat. Meine Mutter war zur Einwilligung bereit. Aber der Vater meines Mannes wollte nicht. Die Verhandlungen zogen sich wochenlang hin ohne Ergebnis. Da schrieb ich meinem Mann, ich würde, wenn die Heirat nicht zustande käme, einen zweiten Selbstmordversuch machen und diesmal jeder Möglichkeit des Mißlingens vorbeugen; die erforderlichen Maßnahmen hätte ich bereits getroffen; ich bäte aber, noch einen letzten Versuch zu machen, seinen Vater umzustimmen. Darauf gab er mir zur Antwort, ein Überredungsversuch seinerseits sei ganz zwecklos, aber er rate mir, an seinen Vater einen Brief zu schreiben und ihm darin die Eröffnung zu machen, der Schuß sei nicht von mir, sondern von seinem Sohn abgegeben worden, ich hätte nur den schweizerischen Behörden gegenüber die Selbstmordversion aufgestellt, um seinen Sohn vor gerichtlicher Verfolgung zu schützen. Ich schrieb den Brief, und daraufhin gab der alte Herr seinen Widerstand auf. Wir durften heiraten. In aller Stille fand die Trauung statt, und dann wurden wir nach Amerika abgeschoben."

„Eine unter sonderbaren Auspizien begonnene Ehe", bemerkte Dr. Dietz. „Kein Wunder, daß der Vater meines Klienten widerstrebte. Ihr Mann war doch erst zwanzig Jahre alt."

„Ja, das war er. Aber trotz des Altersunterschieds wurde es eine sehr harmonische Ehe. In den ersten Jahren mußten wir uns sehr einschränken, dennoch, oder vielleicht gerade deshalb, lebten wir glücklich und zufrieden; wir schlossen uns, so mutterseelenallein in dem fremden Land, aufs innigste aneinander an. Mein Mann kam rasch vorwärts, eine glänzende Laufbahn schien ihm sicher. Nach der Geburt des Kindes fing ich an zu kränkeln, langwierige Unterleibsgeschichten, ich konnte ihm als Frau nichts mehr sein. Das hatte eine gewisse Entfremdung zur Folge, aber wir behielten uns doch lieb, und ich hoffte, durch eine Operation meine Gesundheit wiederzuerlangen. Um diese Operation vornehmen zu lassen, begleitete ich meinen Mann im Sommer 1906 nach Europa. Wir fuhren zusammen bis Genua, dann ging ich zu meiner Mutter nach Baden-Baden, während er in Konstantinopel seine Tätigkeit fortsetzte."

„Darf ich fragen, wie sich inzwischen das Verhältnis zwischen Ihnen und Ihrer Mutter und zwischen ihm und Ihrer Mutter gestaltet hatte?"

„Zwischen meiner Mutter und mir bestanden während dieser Jahre die herzlichsten Beziehungen. Wir schrieben uns häufig. Sie sorgte sich um mich, schickte Geld und Geschenke. Auch zu Olga, die mir in den letzten Tagen vor der Abreise nach Amerika ihren Groll deutlich genug gezeigt hatte, kam ich allmählich wieder in ein gutes Verhältnis; sie nahm sogar bei dem Kinde die Patenschaft an. Ich wurde, als ich im Juni 1906 nach Baden kam, aufs beste aufgenommen. Zwischen meinem Mann und meiner Familie bestand während dieser fünf Jahre kein Verkehr."

„Das wurde anders im Laufe des Sommers?"

„Als die Operation in München so gut verlaufen war, schrieb mir mein Mann von Konstantinopel, er werde sich auf einige Wochen freimachen und nach München kommen. Dort wollten wir zusammen die Richard-Wagner-Festspiele im Prinzregententheater besuchen, Karten hatte er sich schon durch Cook besorgen lassen. Ich freute mich sehr, hatte auch des kein Arg, daß sich Olga gerade zu Besuch bei meiner in München wohnenden Schwester Luise aufhielt. Im Gegenteil, ich plante, ein Zusammentreffen zwischen den beiden herbeizuführen. Mein Mann wollte erst davon nichts wissen, aber ich drängte und drängte, bis er schließlich nachgab. Natürlich beobachtete ich die beiden scharf, allein ich konnte zu meiner Genugtuung feststellen, daß da nichts zu bemerken war als Verlegenheit und eine kaum verhüllte Abneigung. Wir machten Ausflüge zusammen nach Tegernsee, Innsbruck, Kufstein und so weiter. Dann begleitete mich mein Mann, nachdem Mutter mir geschrieben hatte, sie wolle ihn sehen, nach Baden-Baden, wir wohnten aber nicht in der Villa, sondern im Hotel Meßmer – auf seinen ausdrücklichen Wunsch und sehr zum Mißvergnügen meiner Mutter, die sich erst zufriedengab, als er versprach, im Herbst auf der Rückreise nach Washington einige Wochen bei ihr zu Gast zu sein. Es schien alles in bester Ordnung. Die Zeit bis Mitte Oktober verbrachte ich wieder bei Mutter und Schwester. In dem täglichen intimen Verkehr mit Olga bemerkte ich wohl allerlei, was mir zu denken gab, und ich schrieb das auch meinem Mann nach Konstantinopel…"

„Jawohl," bemerkte Dr. Dietz, „die Briefe sind beschlagnahmt worden und befinden sich bei den Akten. Ich wundere mich jetzt, daß mir bei der Lektüre nicht eine Ahnung gekommen ist von diesen Dingen, denn ich entsinne mich deutlich, Anspielungen darauf gelesen zu haben."

„Im Oktober kam mein Mann und blieb vierzehn Tage bei uns. Es waren stille, friedliche Herbsttage. Er und Olga verkehrten jetzt ganz freundschaftlich miteinander, sie las ihm sogar, als wir eines Abends sehr spät von Karlsruhe zurückkamen, während ich schon zu Bett gegangen war, im Nebenzimmer ihre Gedichte vor. Das machte mich ein wenig argwöhnisch, denn ich wußte, unter diesen Gedichten befanden sich einige von stark erotischer Färbung, und ich fragte mich, ob ich klug gehandelt hatte, als ich meine Schwester einlud, mit uns nach Paris zu fahren und sich dort einige Tage zu amüsieren. Je näher der Tag der Abreise heranrückte, desto aufgeregter wurde Olgas Wesen. Ich konnte sehen, daß sie viel weinte. Einmal schloß sie sich in ihr Zimmer ein und erklärte, nicht mit nach Paris gehen zu wollen, aber schließlich ging sie dann doch mit. Unterwegs im Zuge glaubte ich etwas zu sehen, was mich in meinem Argwohn bestärkte: ich hatte das Abteil für ein paar Minuten verlassen, und als ich wieder eintrat, entnahm ich aus den Blicken und dem Benehmen der beiden, daß irgend etwas vorgefallen war. Von da ab war es mit der Harmlosigkeit unseres Verkehrs aus. Meine Eifersucht wuchs von Tag zu Tag. Es kam mir so vor, als ob die beiden sich immer weniger Mühe gaben, ihre Gefühle zu verbergen. Am schlimmsten war das an dem Abend, an dem wir in der Opéra Comique „Carmen" hörten. Ich stellte, als wir wieder in unserem Zimmer waren, meinen Mann zur Rede und machte ihm heftige Vorwürfe. Er stritt alles ab. Aber ich glaubte ihm nicht. Ich sah mein Glück in Scherben gehn – gerade jetzt, wo ich gehofft hatte, es wieder neu zu befestigen. Vergebens sann ich auf Mittel und Wege, dem Unheil entgegenzutreten, da erschien ganz unerwartet eines Morgens in der Frühe meine Mutter bei uns und fragte voll Besorgnis, wie es um Olga stünde. Sie hatte ein Telegramm erhalten, mit meinem Vornamen unterzeichnet, in dem es hieß, Olga sei erkrankt. Ich wußte von dem Telegramm nichts. Aber ich konnte mir denken, wer es abgeschickt hatte. Also auch er hatte das Bedürfnis empfunden, einer unerträglichen Situation ein Ende zu machen; ich faßte wieder Mut, und wir reisten mit dem Kind und der Nurse nach London, während Mutter und Schwester nach Baden-Baden zurückfuhren, Olga in rabiatester Stimmung. Ich bin überzeugt, daß meine Mutter etwas davon gemerkt hat, wie es um uns stand; ausgesprochen habe ich mich mit ihr nicht. Aber wenn ich geglaubt hatte, der häusliche Friede sei nunmehr gesichert, so wurde ich schon im Zuge nach Calais eines anderen belehrt. Mein Mann verlangte von mir, daß ich Olga für den Winter nach Washington einladen solle. Natürlich weigerte ich mich entschieden, und es kam zwischen uns wieder zu einer Szene. Schließlich gab er sich zufrieden. In Dover, als wir schon im Zuge saßen, wurde ihm ein Telegramm ausgehändigt. Er las es und steckte es in die Tasche. Bald darauf erklärte er mir, er müsse in Geschäften noch einmal nach dem Kontinent zurück, es werde also notwendig sein, unsere Abreise von Liverpool um eine Woche zu verschieben. Ich ahnte nichts Gutes, aber was konnte ich tun?"

„Sie meinen, daß das Telegramm von Ihrer Schwester herrührte?"

„Ich weiß es nicht."

Dr. Dietz versicherte, er werde über die Herkunft des Telegramms Nachforschungen anstellen. Das hat er denn in der Folge auch getan, ohne den geringsten Erfolg. Später, nach der Hauptverhandlung, als ich ihm rückhaltloses Vertrauen schenkte und alle seine Fragen beantwortete, spielte das Dover-Telegramm immer eine gewisse Rolle. Die Auskunft, die ich ihm gab, hat ihn nie völlig befriedigt. Kein Wunder, denn es hatte mit diesem Telegramm wirklich eine sonderbare Bewandtnis. Es war nämlich gar nicht an mich gerichtet und nur durch einen

Irrtum in meine Hände geraten. Der Bote, der am Zuge entlang den Adressaten suchte, rief immer wieder mit lauter Stimme: *Telegram for Earl Howe* – und sprach das Wort *Earl* so aus, daß ich Carl verstand. Der Inhalt des Telegramms war folgender: *Sorry cannot meet you at the station, dining out, Francis.* Also die Absenderin bedauerte, den Adressaten nicht am Zuge abholen zu können, da sie auswärts zum Essen eingeladen war. Natürlich bedauerte auch ich, daß Lord Howe durch diesen Irrtum meinerseits in Charing Croß eine kleine Enttäuschung erleben mußte, aber es war nichts zu machen, der Expreß hatte sich inzwischen in Bewegung gesetzt und hielt unterwegs nicht. Sonderbar war auch die weitere Geschichte dieses Telegramms. Es befand sich unter den Papieren, die bei mir beschlagnahmt wurden, der Untersuchungsrichter wußte nichts damit anzufangen und steckte es in einen Umschlag mit der Aufschrift: Belanglose Schriftstücke. So kam es nach Beendigung des Prozesses zu meinen Eltern. Nach der Entlassung aus dem Zuchthause fand ich es, und das zerknitterte Dokument mit den fast verwischten Schriftzügen machte einen eigentümlichen Eindruck auf mich.

Dr. Dietz war sehr befriedigt von der Unterredung mit meiner Frau. Der Fall bekam jetzt ein anderes Gesicht. Ungeahnte Möglichkeiten tauchten auf.

Die Ankündigung meiner Frau, daß sie den Tag der Verhandlung nicht erleben werde, nahm er nicht ernst. Er redete ihr zu, diesen Gedanken aufzugeben, denn ihr Erscheinen in der Hauptverhandlung sei unumgänglich notwendig; begehe sie Selbstmord, so verschlechtere sie dadurch meine Aussichten gewaltig. Ja, man könne sagen, sie gebe damit dem Staatsanwalt die höchste Trumpfkarte in die Hand. Meine Frau hörte ihn schweigend an, ihr Entschluß war nicht zu erschüttern.

Vorher aber wollte sie mich noch einmal sehen, womöglich unter vier Augen. Dieser Wunsch wurde ihr nicht gewährt, der Hausinspektor mußte bei dem Besuch zugegen sein. Doch hielt er sich taktvoll im Hintergrund.

Meine Frau gab sich sehr ruhig und gefaßt, wie jemand, der mit dem Leben abgeschlossen hat und seine letzten Anordnungen trifft. Durch interpolierte englische Sätze unterrichtete sie mich von ihrer Absicht, in den Tod zu gehen, und verlangte von mir, daß ich das gleiche tue. Gift habe sie mitgebracht, sie werde mir dasselbe beim Abschiednehmen zustecken. – Ich lehnte ab. Vor der Hauptverhandlung keinesfalls. – Gerade vor der Hauptverhandlung, drängte sie. – Warum? – Das könne ich mir wohl denken; ob ich denn kein Gefühl dafür habe, wie gräßlich ihr der Gedanke sei, intimste Familienangelegenheiten in öffentlicher Gerichtssitzung zur Sprache gebracht zu sehn. – Ich erwiderte, das sei gar nicht zu befürchten, da von diesen Dingen in dem Prozeß überhaupt nicht die Rede gewesen sei und von ihnen auch in Zukunft nie die Rede sein werde; wenn ich mir das Leben nähme, so würde das als ein Schuldgeständnis aufgefaßt werden; ich sei aber unschuldig und wolle das Urteil abwarten. Man könne übrigens nicht wissen, wie der Spruch der Geschworenen lauten werde. – Darüber sei kein Zweifel möglich, das Todesurteil gewiß. Ob ich mich denn wirklich ganz ohne Schuld fühle? – Ohne Schuld vor dem Gesetz auf jeden Fall. Wenn auch nicht ohne Schuld vor ihr. Ob sie mir denn die nicht verzeihen könne?

Da brach sie in Tränen aus und sagte, sie verzeihe mir wohl, so wie sie allen Menschen, die ihr wehgetan, verzeihe, es sei eben alles Schicksal gewesen, und seinem Schicksal könne niemand entgehen, aber weiterzuleben sei ihr nicht mehr möglich. Und als ich versuchte, sie zu trösten und ihr Hoffnung zu machen, daß doch noch alles sich zum Guten wenden könne, stand sie auf, um zu gehen. Noch einmal umarmten wir uns, und dabei ließ sie das Giftfläschchen in meine Tasche gleiten. Ihre letzten Worte waren: „*Don't let me wait.*"

Als ich wieder in meiner Zelle allein war und die erste Erschütterung überwunden hatte, wurde mir die Gewißheit immer stärker: Sie geht in den Tod! Ich ließ nach Dr. Dietz telephonieren. Er war nicht gleich zu erreichen, es dauerte längere Zeit, bis er kam. Ich sagte ihm: „Herr Doktor, suchen Sie meine Frau auf und tun Sie, was Sie können, um sie von dem Selbstmordgedanken abzubringen." Er meinte, die Gefahr sei nicht so groß, Frauen sprächen oft davon, sich das Leben zu nehmen, aber gerade diejenigen, die davon sprächen, täten es nicht. Doch wolle er sich unverzüglich mit ihr in Verbindung setzen und ihr noch einmal abraten.

Aber als er die Villa in Baden-Baden anrief, erhielt er den Bescheid, meine Frau sei eben abgereist.

* * * * *

In unsagbarer Spannung verbrachte ich die nächsten Tage. Da kam eines Morgens der Hausinspektor zu mir in die Zelle und forderte mich auf, ihn zu begleiten nach dem Dienstzimmer des Gefängnisvorstands. Beim ersten Blick auf sein Gesicht ahnte ich sogleich, was geschehen sei, aber auf meine angstvollen Fragen gab er immer nur zur Antwort, er wisse nichts.

Hinter dem Tisch, neben dem Gefängnisvorstand, erblickte ich den Staatsanwalt. Ich nahm alle Kraft zusammen, um dem furchtbaren Schlag nicht zu erliegen.

Der Staatsanwalt hub an zu sprechen: „Angeklagter, das ist der Fluch der bösen Tat, daß sie fortzeugend Böses muß gebären. Ihre Tat hat ein zweites Opfer gefordert. Gestern hat Ihre bedauernswerte Frau in den Wellen des Pfäffikoner Sees den Tod gesucht und gefunden."

Ich sank auf einen Stuhl, kämpfte mit aller Macht, den beiden kein Schauspiel zu geben. Aber der Schmerz war zu groß, das Gesicht in den Armen verbergend, brach ich in ein fassungsloses Schluchzen aus. Jeder Mensch, der nur einen Funken von Gefühl besaß, hätte diesen Schmerz respektiert.

Nicht so der Herr Staatsanwalt. Er gedachte, das Eisen zu schmieden, solange es warm war. Welch eine prächtige Gelegenheit, diesem verstockten Verbrecher ein Geständnis zu entlocken. In täppischer Art begann er auf mich einzureden – mir ins Gewissen zu reden, wie er sagte – und machte mir alle möglichen Vorhaltungen, wie sie eben ein Staatsanwalt seines Kalibers zu machen pflegt. Ich beachtete ihn gar nicht, gab ihm keine Antwort. Das erboste ihn dann derart, daß er die unglaubliche Roheit beging, mir zu sagen, er glaube gar nicht an die Echtheit meines Schmerzes, ich vergösse Krokodilstränen.

Schließlich gingen die beiden hinaus. Der Hausinspektor blieb zurück; er empfand Gott sei Dank nicht den Beruf, die Situation kriminalpolitisch auszuschlachten, sondern begnügte sich mit ein paar plumpen Trostworten und wartete geduldig, bis ich die Fassung wiedergewonnen hätte. Aber das krampfhafte Schluchzen wollte nicht aufhören, so holte er den Arzt, und man brachte mich wieder in das Krankenzimmer, in dem ich schon einmal, gleich nach meiner Ankunft, gewesen war, und gab mir wieder zwei Zellengenossen, die wahrscheinlich dazu bestimmt waren, einen Selbstmordversuch zu vereiteln.

Kapitel 9. Folgen

Die Untersuchung war inzwischen abgeschlossen worden, das Hauptverfahren wurde eröffnet und die Anklageschrift mir zugestellt. Ich las sie mit Staunen. Das Bild, das der Staatsanwalt darin von mir entwarf, war derart verzerrt, daß es mich geradezu lächerlich anmutete. So ein moralisches Monstrum hatte überhaupt noch nie gelebt, war gar nicht lebensfähig. Er hätte den alten griechischen Spruch beherzigen sollen, daß es nichts ganz und gar Schlechtes und nichts ganz und gar Gutes gibt, sondern nur eine gewisse Mischung von beiden. Gleich einem minderwertigen Dramatiker hatte er einen Charakter gezeichnet, der mit seiner vollkommenen Schlechtigkeit durchaus unglaubwürdig wirkte. Und daß ein solcher Charakter fünfundzwanzig Jahre lang von aller Welt verkannt worden war, bis der Herr Staatsanwalt ihn in das richtige Licht setzte, war auch kaum glaublich. Die natürliche Logik in der Sache wäre diese gewesen: ein Mensch, der solange von allen, die ihn kannten, für einen leidlich guten Menschen gehalten wurde, kann nicht auf einmal, ohne plausibles Motiv, eine solche Tat begangen haben. Die Logik des Herrn Staatsanwalts dagegen war: er hat den Raubmord begangen; ergo ist er ein schlechter Mensch und muß immer ein schlechter Mensch gewesen sein.

Aber nicht nur mannigfache Entstellung von Tatsachen enthielt die Anklageschrift, sondern auch direkte Unwahrheiten, schwere Beleidigungen, die indessen der Herr Staatsanwalt ruhig riskieren konnte, da ja alle seine Äußerungen privilegiert waren. Das Dokument war ein Pasquill, kein Ruhmesblatt für den deutschen Strafprozeß. In England und in Amerika enthält die Anklageschrift nur eine knappe Darstellung der Tat und der Verdachtsmomente, ohne überflüssige moralisierende Abschweifungen und ohne ungerechtfertigte Beschimpfungen. –

Dr. Dietz kam mich jetzt öfter besuchen; ich merkte, daß er den Fall nicht mehr für so ganz hoffnungslos hielt. Doch hütete er sich wohl, mir etwas davon zu sagen, daß meine Frau ihm, ehe sie in den Tod ging, ihr Herz ausgeschüttet hatte. Dagegen brachte er das Gespräch immer wieder auf jene beschlagnahmten und bei den Akten befindlichen Briefe, die mir meine Frau nach Konstantinopel geschrieben hatte und in denen die Andeutungen standen über den Seelenzustand und die Eigentümlichkeiten ihrer jüngsten Schwester. Wenn ich dann achsel-zuckend bemerkte, dergleichen Expektorationen seien nicht auf die Goldwage zu legen, meinte er, die junge Dame scheine doch eine problematische Persönlichkeit zu sein, man müsse ihr mehr Beachtung schenken, als ihr bisher im Prozeß zuteil geworden sei. Demgegenüber ver-hielt ich mich durchaus ablehnend; ich wüßte nicht, wozu das dienen könne. Nun, versetzte er, vielleicht dazu, daß über meine Beziehungen zu ihr etwas Näheres ans Licht gebracht würde, er sei überzeugt, daß hier der Schlüssel liege zu der ganzen rätselhaften Angelegenheit. Darauf sagte ich ihm klipp und klar: »Herr Doktor, ich verlange von Ihnen das Versprechen, daß Sie in dieser Hinsicht nichts tun, was meinen Wünschen zuwiderläuft. Meine Schwägerin wird notgedrungen Zeugin sein in der Hauptverhandlung und wird die Aussagen wiederholen, die sie in der Voruntersuchung gemacht hat: daß ihre Mutter sie an dem Abend in der Villa En-gelhorn abgeholt, daß sie mit ihr die Kaiser-Wilhelm-Straße hinuntergegangen ist, daß sie plötzlich eilige Schritte hinter sich hörte, daß ihre Mutter an ihrer Seite erschossen wurde, daß sie sich umwandte und eine Männergestalt in die Lindenstaffeln einbiegen sah und daß sie nicht sagen kann, wer der Mann gewesen ist. Und damit basta. Sie hat noch ein übriges getan und dem Untersuchungsrichter gegenüber ihre Überzeugung ausgesprochen, sie könne nicht glauben, daß ich der Täter sei. Ich denke, damit können Sie sich begnügen. Damit und mit meiner ausdrücklichen Versicherung, daß die Eifersucht meiner Frau grundlos war. Wenn Sie gegen meinen Wunsch diese Familienangelegenheit in der Verhandlung aufs Tapet bringen, sind wir geschiedene Leute.«

»Aber Sie können doch nicht leugnen, daß schon vor sechs Jahren zwischen der jungen Da-me und Ihnen eine – sagen wir beträchtliche Sympathie bestanden hat. Daß Sie ihr in Ajaccio und Montreux den Hof gemacht haben. Daß Sie von Freiburg aus nach Baden-Baden zu Be-such gefahren sind. Daß die junge Dame Ihnen nach Freiburg ein Kistchen mit Süßigkeiten geschickt hat...«

„Was Sie nicht sagen! Wer hat Ihnen denn das aufgebunden? Ich weiß von keinem Kistchen."

„Dann haben Sie ein schlechtes Gedächtnis. Der Deckel des Kistchens ist mir von Ihrem Vater zugeschickt worden. Bezüglich der Handschrift kann keinerlei Zweifel sein."

Ich lachte. „In der Tat, ein wertvolles Beweismittel, dieser famose Kistchendeckel, der da plötzlich nach sechs Jahren aus der Versenkung auftaucht. Wenn Sie den in der Hauptverhandlung produzieren, haben Sie gewonnenes Spiel. Aber im Ernst, Herr Doktor, Sie sind auf dem Holzweg. Sie machen aus einer Mücke einen Elefanten. Es ist wahr, ich habe mit meiner Schwägerin in Ajaccio freundschaftlich verkehrt. Ich war auch in Montreux viel mit ihr zusammen. Und ich habe sie auch in Baden-Baden besucht, um mich für das übersandte Kistchen zu bedanken. Das alles ist doch so harmlos wie möglich. Ich habe doch nicht sie, sondern ihre Schwester geliebt und geheiratet. Wozu also diese alten Geschichten aufwärmen? Was hat das mit dem Prozeß zu tun?"

„Unter Umständen sehr viel. Wann und wo haben Sie im vorigen Jahre Ihre Schwägerin wiedergesehen?"

„Im September in München. Wenn Sie dabei gewesen wären, würden Sie keine so absurden Vermutungen hegen. Genug davon. Sprechen wir von etwas anderem. Sie gedenken auf Totschlag zu plädieren?"

„Ich weiß nicht. Wir wollen sehn. Die inzwischen eingetroffenen Zeugenaussagen aus Amerika sind sehr günstig. Der Staatsanwalt wird seine Abenteurer-Hypothese korrigieren müssen. Mit dem Geldmotiv ist es nichts. Ich werde aber doch für alle Fälle darauf bestehn, daß ein zweites psychiatrisches Gutachten eingeholt wird. Herr Professor Aschaffenburg wird Sie in der nächsten Zeit besuchen."

„In Gottes Namen. Obwohl ich den Zweck nicht einsehe."

* * * * *

Der ältere meiner beiden Zellengenossen war ein ehemaliger Missionar in Süd-Afrika, ein baumlanger Mensch, der seine Mission unter den Schwarzen hauptsächlich darin erblickt hatte, dem weiblichen Geschlecht einen Begriff von der christlichen Liebe beizubringen, bis ihn seine Oberen als für ihre Zwecke untauglich nach Europa zurückgeschickt hatten, wo er dann ein Stellenvermittlungsbureau eröffnete und prompt mit dem Staatsanwalt in Konflikt geriet. Ein leichtsinniges Huhn, aber gutmütig und harmlos. Der andere war ein Apothekergehilfe, verhaftet wegen kleiner Unterschlagungen; dieser nahm sich seine Straftat sehr zu Herzen und zeigte aufrichtige Reue. In bezug auf Kleider, Wäsche und Schuhe war er sehr heruntergekommen. Darum schlug ich ihm am Morgen des Tages, an dem er verhandelt werden sollte, vor, sich aus meinem Koffer neu zu equipieren, indem ich darauf hinwies, daß es von nicht geringer Wichtigkeit sei, auch in puncto äußeres Erscheinen auf die Richter einen guten Eindruck zu machen. Er nahm das Anerbieten dankbar an. Da er dieselbe Figur hatte wie ich, stand ihm alles sehr gut, und er marschierte, von unseren besten Wünschen geleitet, in gehobener Stimmung. Kleider machen Leute. Es war ganz merkwürdig, zu beobachten, wie seine Niedergeschlagenheit beim Ankleiden verschwand und das Selbstvertrauen wieder erwachte. Er kam nicht wieder. Darob geriet der Missionar in eine große sittliche Entrüstung und schimpfte weidlich über die Nichtswürdigkeit dieses Menschen, der eine empfangene Wohltat damit vergelte, daß er die entliehenen Sachen nicht mehr zurückbringe. Ich brachte ihn zum Schweigen mit dem Sprichwort: Wer in einem Glaskasten sitzt, soll nicht mit Steinen werfen.

Einige Tage blieben wir allein. Dann öffnete sich eines Abends die Tür, herein trat, in Begleitung des Hausinspektors, ein junger Mann, den ich zuerst für einen Gehilfen des Gefängnisvorstandes hielt; es war aber ein Leidensgefährte, und zwar ein sächsischer Referendar, der in Karlsruhe Kunststudien trieb und wegen Sittlichkeitsdelikts verhaftet worden war. Er trat, nachdem der Inspektor hinausgegangen war, auf mich zu und stellte sich vor, indem er einen Namen nannte, den ich natürlich nicht verstand. Ich nahm an, daß er meinen Namen auch nicht verstand. Dann setzte er sich auf sein Bett und hing, zerstreut in einem Buche blätternd, seinen Gedanken nach, die offenbar nicht erfreulicher Art waren. Der Missionar versuchte einige Male, ein Gespräch mit ihm anzuknüpfen, bekam aber nur einsilbige Antworten, so daß er's schließlich aufgab und sich ins Bett legte. Bald gab er durch sonores Schnarchen zu erkennen, daß wir andern für ihn nicht mehr vorhanden waren.

Ich stand in der Dämmerung am Fenster. Es war ein wundervoller Juniabend. Ein Taubenpaar saß vor seinem Schlag und hielt halblaute Zwiesprache. Am Himmel flammten die Sterne auf, die letzten Geräusche des Tages verstummten. Ich stand und lauschte in mich hinein. Noch waren die Hoffnungen und Wünsche in meinem Herzen nicht erstorben, so finster es um mich herum geworden war.

Plötzlich begann jemand neben mir zu sprechen. Es war der Referendar. Die Dunkelheit und das Schweigen der Nacht lösten ihm die Zunge, er war unglücklich und suchte Teilnahme. Bald merkte ich, er wußte, wer ich war. Der Hausinspektor hatte es ihm gesagt. Er gestand offen, daß es ihm unangenehm gewesen sei, mit mir in Berührung zu kommen. Er habe natürlich, wie jeder Mensch in Karlsruhe, viel gelesen über meinen Fall und auf diese Weise von mir einen falschen Begriff bekommen.

Die Stunden verstrichen, wir standen noch immer am Fenster und plauderten. Da wir einer dem anderen sympathisch waren und das Unglück die Menschen rasch einander nahebringt, bewegte sich die Unterhaltung nicht lange an der Oberfläche. Er erzählte mir aus seinem Leben. Sein Beruf befriedigte ihn nicht, so hatte er sich einen längeren Urlaub genommen und wollte sehen, ob Neigung und Talent zur Malerei groß genug seien, eine Zukunft darauf zu gründen. Seine Verhältnisse waren so, daß er sich der Kunst sorgenfrei widmen konnte. Große innere Erlebnisse schien er noch nicht gehabt zu haben.

Über das, was zu seiner Verhaftung geführt hatte, äußerte er sich mit begreiflicher Zurückhaltung. Er sei im Stadtgarten spazieren gegangen, und da habe ein junges Mädchen sich beim Schutzmann darüber beschwert, daß er durch Entblößung ihr Ärgernis gegeben habe. Es sei aber, wie sich jetzt herausstelle, eine Frauensperson von üblem Rufe, so daß er wohl auf einen Freispruch rechnen dürfe. Dessenungeachtet war natürlich der Vorfall für ihn höchst peinlich. Nicht so sehr wegen der äußeren Folgen als deswegen, weil ihm bei dieser Gelegenheit zum erstenmal etwas zum Bewußtsein kam, was bisher in den Tiefen der Seele verborgen gewesen war. Die Entdeckung erschreckte ihn, er empfand so etwas wie Abscheu vor sich selber.

Ich beschränkte mich auf teilnahmsvolles Zuhören und einige vorsichtige, schonende Worte über den heiklen Gegenstand. Dafür war er mir dankbar. Als wir zur Ruhe gingen, standen wir uns schon nicht mehr als Fremde gegenüber.

Im Laufe der nächsten Tage wuchs die Intimität. Wie konnte es anders sein, waren wir doch von morgens bis abends aufeinander angewiesen; mit dem Missionar war kein ernstes Gespräch zu führen.

So waren wir in kurzem, ich kann fast sagen, Freunde geworden. Unsere Unterhaltung erstreckte sich auf alles mögliche, nur ein einziges Thema glaubte er taktvoll vermeiden zu müssen: meinen Prozeß. Aber eines Tages, als ich gerade aus dem Besuchszimmer kam von einer Konferenz mit meinem Verteidiger und ihn allein in der Zelle fand – der andere war zu einem Verhör vorgeführt worden –, machte ich meinem Herzen Luft. Dr. Dietz hatte mir wieder zugesetzt mit Fragen über die berühmten Beziehungen zu meiner Schwägerin in Ajaccio, Montreux, Baden-Baden und Paris. Er hatte auch durchblicken lassen, daß meine Frau ihm darüber manches erzählt habe. Ich war wütend. Im Zorn mögen mir wohl Andeutungen entfahren sein, aus denen der Referendar sich ein ungefähres Bild von der Sachlage machen konnte. So gerieten wir ins Gespräch über meinen Fall und über die bevorstehende Hauptverhandlung. Der Referendar erzählte mir, was er in den Karlsruher Juristenkreisen darüber gehört hatte. Ich war schon so gut wie verurteilt. Erst vor einigen Tagen hatte er in einer Gesellschaft einen Landgerichtsrat sich äußern hören: „Gott sei Dank, endlich mal wieder statt der langweiligen Bagatellsachen ein interessanter Mord mit obligatem Todesurteil."

„Nun," meinte ich, „so weit sind wir noch nicht. Es kann doch auch anders kommen. Was denken denn Sie von den Aussichten, die ich habe?"

„Als Jurist halte ich Ihre Aussichten für sehr schlecht," entgegnete er, „aber ich weiß ja von der Sache nur, was in den Zeitungen stand. Der Indizienbeweis ist fast lückenlos. Die einzige Schwäche schien mir immer in dem Mangel eines ausreichenden Motivs zu liegen. Ich hatte von Anfang an das Gefühl: es steckt eine Frau dahinter."

„Und jetzt glauben Sie zu wissen, welche Frau dahinter steckt. In Wirklichkeit wissen Sie gar nichts. Und ich bitte Sie, Ihre Vermutungen für sich zu behalten."

„Selbstverständlich. Ich werde mit niemand darüber reden, darauf gebe ich Ihnen mein Wort. Aber wie nun, wenn der Staatsanwalt mich als Zeuge lädt und ich unter Eid aufgefordert werde, zu sagen, was ich während unseres Beisammenseins in Erfahrung gebracht habe. Ich bin ziemlich sicher, daß er das tun wird, denn zu dem Zwecke hat man mich doch hier herein gesteckt. Das war mir vom ersten Tag an klar."

„Ihre Sache kommt vor der meinigen zur Verhandlung. Sie werden voraussichtlich freigesprochen werden. Mir scheint, es wäre das beste, wenn Sie Karlsruhe für einige Zeit den Rücken kehrten, so daß man Sie nicht vorladen kann."

„Das wird schwer zu verhüten sein. Ich kann doch nicht spurlos verschwinden. Und ich möchte sehr gern bei Ihrer Verhandlung zugegen sein, nicht aus vulgärer Neugierde, das werden Sie mir glauben, sondern aus freundschaftlichem Interesse. Ich hoffe doch, daß Sie sich noch entschließen werden, dem Gericht zu sagen, weshalb Sie nach Baden-Baden gefahren sind. Ich halte Ihr Schweigen über diesen Punkt für falsch und für zwecklos, denn es wird Ihnen gar nicht gelingen, eine Erörterung gewisser Dinge zu verhindern."

„Das lassen Sie meine Sorge sein. Sie tragen sich schon seit langem mit dem Gedanken, nach Paris zu gehn und dort in ein Meisteratelier einzutreten. Sagen Sie, wenn Sie jetzt freigesprochen sind, der Juristerei endgültig Valet und machen Sie sich auf nach dem Mekka der Kunst. Mich und meinen Prozeß vergessen Sie. Das wird für uns das beste sein."

Er hatte eine Mappe mit Skizzen bei sich und führte während der Haft einige Zeichnungen aus. Als der Tag seiner Verhandlung herannahte, bat er mich, zu einer Porträtstudie zu sitzen. Ich tat es, und er brachte das Blatt glücklich hinaus. Noch etwas anderes schmuggelte er aus dem Gefängnis hinaus: meinen Siegelring. Ich gab ihm denselben mit der Verabredung, wenn meine Sache einen günstigen Ausgang nehme, solle er mir ihn zurückerstatten, andernfalls ihn zum Andenken behalten. Später, als man nach der Verurteilung meine Effekten beschlagnahmte, verursachte das Fehlen des Ringes einen kleinen Skandal. Der Gefängnisvorstand wollte von mir wissen, wo der Siegelring hingekommen sei. Ich verweigerte die Auskunft. Sämtliche Aufseher wurden verhört, ohne Erfolg. Da beging der sonst so kluge Herr Oberamtsrichter die Dummheit, den Verteidiger zu beschuldigen, er habe den Ring aus dem Gefängnis hinausgeschafft. Es fehlte nicht viel, so wäre es zu einem Duell gekommen.

Die Verhandlung gegen den Referendar endigte, wie erwartet, mit einem Freispruch. Ich freute mich, als ich das hörte, und hoffte, er sei über alle Berge.

* * * * *

Einige Zeit vor der Hauptverhandlung ließ mich der Staatsanwalt, mit dem ich bis dahin nur flüchtig zu tun gehabt hatte, zu einer längeren Auseinandersetzung in seinem Amtszimmer vorführen. Er hielt mir eine Rede, die man wohl als salbungsvoll bezeichnen konnte. Wem Gott ein Amt gibt, dem gibt er auch den Verstand – behauptet ein deutsches Sprichwort, das im Ausland viel belächelt wird; hier in diesem Falle war ein Zweifel sicher verzeihlich.

Er äußerte sich mit Bitterkeit über mein sogenanntes „Verteidigungssystem". Das möge vielleicht in Amerika am Platze sein, aber nicht in Deutschland. Es sei auch ganz falsch und könne für mich nur schlimme Folgen haben. Unsägliche Schererei hätte ich ihm verursacht durch meine Verstocktheit. Alles wäre so viel leichter gewesen und für alle Teile befriedigender, wenn ich gleich am Anfang der Untersuchung den Mut gehabt hätte, mich zu meinem Verbrechen zu bekennen. Genützt habe mir ja mein Leugnen doch nichts, denn das Ziel sei auch so erreicht; so z.B. habe er da gerade den Bericht des Sachverständigen zur Hand – er hob ein umfangreiches

Schriftstück in die Höhe –, worin mit großem Scharfsinn der Nachweis geführt sei, daß niemand anders der Absender des Pariser Telegramms gewesen sein könne als ich; die Verwendung der Majuskeln habe dem Graphologen die Bildung des Urteils zwar sehr erschwert, aber doch nicht unmöglich gemacht.

Darauf erlaubte ich mir zu bemerken, erstens, daß ich mich, den Indizien gegenüber, mit Leugnen überhaupt nicht abgegeben, und zweitens, daß ich insbesondere bezüglich des Pariser Telegramms nie meine Urheberschaft bestritten hätte.

Wild fuhr er auf mich los. „Also Sie geben zu, das Telegramm abgeschickt zu haben?"

„Freilich."

Er sprang auf und schlug mit der Faust auf den Tisch. „Und da machen Sie uns erst die Arbeit, das Gutachten einzuholen, und der Sachverständige muß sich tagelang hinsetzen und im Schweiße seines Angesichts an dem Problem herumstudieren, und die ganze Geschichte kostet ein Heidengeld – und nun kommen Sie post festum und geben zu, das Telegramm abgeschickt zu haben! Donnerwetter noch mal, warum haben Sie das nicht gleich gesagt?"

In seiner Entrüstung kam mir der Mann komisch vor. Ich hätte über ihn lachen mögen. Aber da fiel mir ein, wie er meine Frau behandelt hatte, und gewisse Stellen in der Anklageschrift fielen mir ein, die Lust zum Lachen verging mir, ich schickte mich an, ihm über diese Punkte meine Meinung zu sagen. Er entzog mir das Wort und ließ mich abführen.

Dann setzte er in die „Badische Presse" einen Artikel hinein, durch den er für die kommende Gerichtsverhandlung Stimmung zu machen suchte. Das gegen mich vorliegende Beweismaterial war ins beste Licht gesetzt, und zum Schluß hieß es: „Übrigens stellt der Angeklagte seine Schuld gar nicht in Abrede." Dr. Dietz brachte mir den Artikel und meinte, das sei denn doch ein starkes Stück. Natürlich erfolgte ein Dementi, aber es blieb doch, wie stets in solchen Fällen, etwas hängen.

Wenn es der Herr Staatsanwalt mit der Wahrheit nicht allzu genau nahm, wo es galt, die öffentliche Meinung zu meinen Ungunsten zu beeinflussen, so hat auch später sein hoher Chef, der Oberstaatsanwalt, der überhaupt während des ganzen Prozesses und besonders in der Hauptverhandlung als spiritus rector hinter seinem von ihm wohl nicht sonderlich hoch eingeschätzten Untergebenen stand, es gelegentlich nicht verschmäht, zur Erreichung eines guten Zweckes den Tatsachen ein wenig Gewalt anzutun. Im Landtag war eine Interpellation eingebracht worden, in der eine vielfach im Lande empfundene Unzufriedenheit mit der Führung des Prozesses zum Ausdruck kam. Der Oberstaatsanwalt, der zugleich Ministerialrat war, äußerte dazu unter anderem: es sei gänzlich unangebracht, mit einem Menschen Sympathie zu haben, der unter der Anklage eines so schweren Verbrechens in Ananas und Sekt geschwelgt und Maupassant gelesen habe. Die Logik dieser Bemerkung ist anfechtbar. Denn auch ein Untersuchungsgefangener, der in Ananas und Sekt schwelgte und Maupassant las, hätte dadurch immer noch nicht den Anspruch verwirkt auf gerechte und unparteiische Behandlung – sogar von seiten der Staatsanwaltschaft. Aber nicht der Mangel an Logik empörte mich, sondern der Mangel an Wahrheitsliebe. Ich hatte mir das eine oder andere Mal Erdbeeren gekauft, und unter den Büchern, die ich aus der Leihbibliothek erhalten, waren auch einige Novellen von Maupassant gewesen. So weit die Tatsachen; der Sekt war Zutat des Herrn Oberstaatsanwalts. Ich vermute, daß er Maupassant nur kannte aus den schlechten, wie Schundlektüre wirkenden Übersetzungen, den auf den Bahnhöfen als pikante Reiselektüre zum Verkauf gestellten Bändchen mit den verlockenden Umschlagbildern. Denn wenn er auch nur eine einzige Novelle im Original gelesen hätte, so würde die Bemerkung seinem Kunstverständnis ein schlechtes Zeugnis ausstellen.

Der zweite psychiatrische Sachverständige, Professor Aschaffenburg aus Köln, stattete mir im Gefängnis mehrere Besuche ab. In längeren Unterredungen suchte er sich über meine geistige Beschaffenheit klar zu werden. Daß der Paragraph 51 nicht in Frage kam, konnte er leicht feststellen. Aber aus einigen Andeutungen, die er machte, hatte ich den Eindruck, als sei er von meiner Schuld nicht so felsenfest überzeugt, wie das sonst gang und gäbe war. Das berührte mich sonderbar. Also gab es doch noch Menschen, die nicht schon vor der Verhandlung ihr Urteil fertig hatten.

Zu diesen Menschen gehörte nun freilich der Herr Oberamtsrichter und Gefängnisvorstand nicht. Er hielt es für seine Pflicht, mir daraus kein Hehl zu machen, und meinte, es sei für mich jetzt Zeit, andere Saiten aufzuziehen und ein reumütiges Geständnis abzulegen. Andernfalls werde die Sache für mich einen schlimmen Ausgang nehmen. Das Todesurteil sei mit Sicherheit zu erwarten und werde möglicherweise auch vollstreckt werden. Daß ich den Mord begangen habe, sei außer Zweifel.

„Das sagen Sie," entgegnete ich ihm, „vielleicht sind die Geschworenen anderer Meinung. Jedenfalls muß es erst bewiesen werden, daß ich den Mord begangen habe. Dazu ist ja wohl die Hauptverhandlung da, die wir also zunächst mal abwarten wollen."

Aus diesen Worten hat er mir hernach einen Strick zu drehen versucht. Er ließ sich in der Hauptverhandlung als Zeuge laden und sagte aus, ich hätte mich ihm gegenüber in zuversichtlichem Tone dahin ausgelassen, es sei mir vor der Verhandlung gar nicht bang, man solle mir nur beweisen, daß ich der Täter sei. Den Ton mimte er in solcher Weise, daß der Gerichtshof den Eindruck bekommen sollte, als sei der Sinn meiner Worte gewesen: „Ich habe den Mord zwar begangen, aber überführen könnt ihr mich nicht." Ein ganz perfider Streich.

Mitte Juli siedelte ich aus der Villa Hübsch in das andere Gefängnis über. Dieses war, wie schon gesagt, ein alter Kasten, klein und eng; ein sogenannter erster Aufseher wohnte im Haus mit Frau und Tochter, einem jungen Mädchen von 17-18 Jahren; daneben tat noch ein jüngerer Aufseher Dienst. Eines Nachmittags, gegen Abend, stattete mir mein Verteidiger einen längeren Besuch ab, und als wir fertig waren, klingelte er, damit der Aufseher ihn wieder herauslasse. Es dauerte und dauerte, niemand erschien. Er klingelte wieder. Nun wurden auf der Treppe, die zum Besuchszimmer heraufführte, Schritte hörbar, aber es war nicht der Aufseher, sondern das junge Mädchen, das ziemlich verlegen hereinkam und meldete, die Eltern seien nicht zu Hause, und der Aufseher sei zum Essenholen fortgefahren. Aber sie könne ja dem Herrn Doktor die Türe aufschließen. Das tat sie und kam dann langsam wieder die Treppe herauf. Vor dem Besuchszimmer stand ich und wartete.

„Können Sie mir auch meine Zelle aufmachen, Fräulein?"

Nein, das könne sie nicht, sie habe keinen Schlüssel.

„Wie wäre es denn, wenn Sie mir unten die Haustüre aufschlössen, dazu haben Sie ja den Schlüssel."

Etwas bange sah sie mir in die Augen, wie wenn sie nicht recht wüßte, ob es mir Ernst sei oder Scherz. Dann lächelte sie und meinte, sie würde das ja ganz gern tun, aber es ginge doch nicht, und es hätte ja auch keinen Zweck, da ich in einigen Tagen sowieso frei sein würde.

„So glauben Sie, daß man mich nicht verurteilen wird?"

„Sicher nicht. Sie sind doch unschuldig. Sie haben doch Ihre Schwiegermutter nicht ermordet, davon bin ich fest überzeugt."

Der Blick, den sie mir dabei zuwarf, berührte mich ganz eigen, ich dankte ihr für die gute Meinung, die sie von mir habe, und sagte, ich wolle das als ein freundliches Omen betrachten.

Kapitel 10. Die Verhandlung

Mit dem Vorsitz des Schwurgerichts hatte der Landgerichtspräsident den fähigsten seiner Direktoren betraut, und man kann sich denken, daß ich sehr neugierig war, über die Persönlichkeit dieses Mannes, von dem nunmehr in hohem Grade mein Schicksal abhing, so viel wie möglich in Erfahrung zu bringen. Allerseits wurde Dr. Ellers Klugheit und seine den Durchschnitt weit überragende Bildung gerühmt; auch besitze er eine ungewöhnliche, auf zahlreichen Reisen erworbene Weltkenntnis. Er sei ehrgeizig und habe eine glänzende Laufbahn vor sich.

Viele Jahre nachher lieferte mir ein jüngerer Kollege von ihm noch einen wertvollen Beitrag zu seiner Charakteristik. Dr. Eller habe die Akten meines Prozesses schon im Juni zugeschickt erhalten, mit dem Bedeuten, sich unverzüglich an das Studium derselben zu machen; die Arbeit, die ihn erwarte, sei nicht gering. Aber Fleiß sei keine der Tugenden dieses hervorragenden Juristen gewesen. Im Vertrauen auf seine überlegene Intelligenz habe er die Akten liegen lassen bis etwa vierzehn Tage vor der Verhandlung. Dann erst habe er sich darüber hergemacht und bald entdeckt, daß er Mühe haben werde, rechtzeitig fertig zu werden. Schließlich habe er die Nächte zu Hilfe nehmen müssen und beträchtliche Mengen starken, schwarzen Kaffees. Daher seine Nervosität während der Verhandlung.

Mich persönlich hat er im allgemeinen nicht schlecht behandelt. Er hatte sich offenbar fest vorgenommen, alle Schärfe zu vermeiden, und das ist ihm auch, so schwer es bisweilen wurde, gelungen. Je größer seine Gereiztheit war, desto höflicher war der Ton, den er anschlug. Von Anfang an spürte ich, daß ich in ihm meinen gefährlichsten Feind hatte, einen tausendmal gefährlicheren als der mit grobem und gröbstem Geschütz operierende Staatsanwalt.

Dieser hatte hinter sich seinen Chef sitzen, den Herrn Oberstaatsanwalt, und bei dem Herrn Oberstaatsanwalt saß mehrere Tage lang Seine Exzellenz, der Herr Justizminister.

Sobald ich den Saal betreten und auf der Anklagebank Platz genommen hatte, begann die Auslosung der Geschworenen. Es waren lauter Handwerker, Gewerbetreibende, Landwirte – ein einziger Mann von Bildung darunter, ein Kunstmaler. Zu ihrem Obmann wählten sie einen Schlächtermeister aus Bruchsal. Wenn ich mir die Physiognomie dieser meiner zwölf Richter ansah, war mir übel zumute. Und noch übler wurde mir, wenn ich beobachtete, wie sie zu Beginn der Pausen mit tiefen Reverenzen an dem Herrn Oberstaatsanwalt vorbeidefilierten, der ihnen gönnerhaft lächelnd zunickte, als wollte er sagen: Na, ihr werdet eure Sache schon recht machen, hoffe ich. Wieviele waren unter diesen zwölf überhaupt fähig, zu einem Verständnis meiner Verhältnisse zu kommen?

Ich will hier nicht einen ausführlichen Bericht der Verhandlung liefern. Ein solcher ist damals durch die „Badische Presse" veröffentlicht worden. Ich gebe nur die Eindrücke, die mir von jenen Tagen geblieben sind. Also etwas Subjektives. Aber das sogenannte Objektive ist ja überhaupt nur ein Wahn. In jedem Berichten steckt bekanntlich ein Richten.

Der Vorsitzende begann mein Verhör mit den üblichen Fragen, Personalien betreffend. Ganz sachlich, fast wohlwollend. Dann hob er die Stimme ein wenig, legte eine Dosis Pathos hinein: „Sie stehen unter der Anklage, Ihre Schwiegermutter ermordet zu haben. Was haben Sie darauf zu erwidern? Ich ermahne Sie, geben Sie der Wahrheit die Ehre und erleichtern Sie Ihr Gewissen, falls Sie schuldig sind."

Ich entgegnete, ich sei nicht schuldig.

„Sie sagen, Sie seien nicht schuldig. Das ist schwer zu glauben. Wie wollen Sie denn Ihr Verhalten an dem Tage erklären, die Vermummung und alles andere, das Sie so schwer belastet? Vor allem, weshalb sind Sie überhaupt von London nach Baden zurückgekehrt?"

Ich lehnte es ab, hierüber Aufschluß zu geben.

Darauf fuhr er in noch eindringlicherem Tone fort: „Das kann Ihr Ernst nicht sein. Sie können auf eine solche Frage nicht mit Schweigen antworten. Es geht um Ihren Kopf. Ich ermahne Sie nochmals, geben Sie der Wahrheit die Ehre."

Dieselbe Antwort.

Er hob die Hände mit einer Geste der Resignation, schaute die Geschworenen vielsagend an und ließ eine kleine Kunstpause eintreten. Dann stellte er Fragen über meine Verhältnisse und mein Vorleben. Sein Ziel war die Herausarbeitung des Geldmotivs; aber was er erreichte, war nicht viel. Daß jemand, durch dessen Hände innerhalb des letzten Jahres Hunderttausende gegangen waren – und ohne jede Kontrolle gegangen waren, so daß kein Mensch etwas davon hätte merken können, wenn ein Teil an seinen Fingern kleben geblieben wäre –, ein Anwalt mit guter Praxis, dem auch sonst noch genügend Hilfsquellen offen standen, auf den Gedanken verfallen sein sollte, um eine verhältnismäßig geringfügige Summe Geldes als Erbschaft in seinen Besitz zu bringen, seine Schwiegermutter zu ermorden, war nicht sehr glaublich. Selbst dann nicht, wenn man annahm, daß er sich momentan in Geldverlegenheit befand, was aber eine ganz willkürliche Annahme der Staatsanwaltschaft war. Aus dieser Annahme heraus hatte man schon einmal versucht, mir einen Betrug nachzuweisen, den ich an einer Londoner Bank begangen haben sollte, aber es stellte sich heraus, daß der ganzen Sache ein Irrtum des Übersetzers zugrunde lag, der aus einem Schreiben der Bank an mich ein entscheidendes Wort falsch übersetzt hatte; so mußte denn die Anklage wegen Betruges fallen gelassen werden.

Bei der Erörterung der türkischen Geschäfte war der Vorsitzende bestrebt, den Geschworenen den Eindruck zu vermitteln, daß es sich dabei um abenteuerliche und schmutzige Unternehmungen handle, mit denen sich ein Ehrenmann nicht abgeben dürfe. So sehr mich das ärgerte, ich sah keine Möglichkeit, diese Leute vom Gegenteil zu überzeugen. Wie sollte ich ihnen einen Begriff geben von dem, „was hinten fern in der Türkei" sich zugetragen hatte? Ihnen konnte man es kaum verübeln, wenn sie meine Tätigkeit im Orient als sozusagen hochstaplerisch ansahen.

Danach begann die Vernehmung der zahlreichen Zeugen, die von der Staatsanwaltschaft geladen waren. Der Friseur des Frankfurter Hotels berichtete über die Herstellung des falschen Bartes; wie ich ihn auf mein Zimmer kommen ließ und sehr enttäuscht gewesen sei, als er mir eröffnet habe, er brauche mehrere Tage, um etwas Dauerhaftes zustande zu bringen. Argwohn habe er keinen geschöpft, sondern geglaubt, es handle sich um einen Scherz. Nach ihm trat der Portier auf. Ich weiß nicht, war das Trinkgeld, das ich ihm gegeben, nicht zu seiner Zufriedenheit ausgefallen, oder hatte er irgendeinen anderen Grund, jedenfalls suchte er seine Aussage für mich so ungünstig wie möglich zu gestalten. Ich sei ihm gleich von vornherein verdächtig vorgekommen. Nach dem Telegramm, das ich an meine Frau nach London abgeschickt hätte, habe er mich für einen Buchmacher gehalten. Abends sei ich ihm mit der Zumutung zu nahe getreten, er solle mir ein Lokal angeben mit Weiberbetrieb, was er selbstverständlich mit Entrüstung zurückgewiesen habe. Gegen diese Behauptung protestierte ich entschieden; ich habe ihn nur gefragt, wo man sich in Frankfurt einige Stunden amüsieren könne. Er bestand auf seiner Version und fügte zur Bekräftigung derselben noch hinzu, ich hätte auch im Hotel den Besuch einer verdächtigen Frauensperson empfangen, die offenbar eine Kupplerin gewesen sei. Auch dagegen protestierte ich; die Dame war eine Verwandte, Gattin eines höheren Beamten. Aber das half nun nichts, seine Aussagen hinterließen einen üblen Eindruck, und über meine sexuellen Ausschweifungen in Frankfurt wurde später von berufener und unberufener Seite viel geredet und geschrieben.

Ein Gepäckträger am Bahnhof in Karlsruhe bekundete, er habe um die Mittagszeit für einen Herrn mit schwarzem Vollbart einen Koffer und eine Handtasche in den Aufbewahrungsraum getragen, der Reisende sowohl wie sein Gepäck seien ihm ausländisch vorgekommen, und als er abends gegen acht Uhr einen Kollegen die beiden Stücke an den Frankfurter D-Zug tragen sah, habe er zu demselben gesagt. „Nicht wahr, das Gepäck gehört einem Ausländer mit schwarzem Vollbart?" Worauf der andere: „Nein, einen Vollbart hat der Herr nicht, er ist glattrasiert." Das habe seine Neugierde erregt, er sei mit an den Zug gegangen und habe nun zu seiner größten Verwunderung bemerkt, daß derselbe Herr, der am Mittag einen Vollbart getragen, jetzt glattrasiert war. Nun sei ihm nachträglich der Verdacht aufgestiegen, daß der Bart falsch gewesen sein könne, und sobald er von dem Mord in Baden-Baden gehört, habe er der Kriminalpolizei Meldung gemacht. Ein am gleichen Bahnhof stationierter Schutzmann hatte mittags den Herrn mit dem falschen Bart beobachtet, wie er unstet auf dem Perron hin und her ging, eine auffällige und verdächtige Erscheinung; er habe sich aber nicht getraut, eine Verhaftung vorzunehmen. Darauf sagte der Vorsitzende: „Es ist sehr schade, daß Sie die Verhaftung unterließen. Sie hätten den Mann unbedingt festnehmen sollen. Ein schweres Verbrechen wäre dadurch verhindert worden." Ganz zerknirscht entschuldigte sich der Schutzmann, es tue ihm sehr leid, und in Zukunft werde er sicher nicht verfehlen...

Sodann kamen die Badener Zeugen an die Reihe. Es waren ihrer mindestens ein Dutzend, die im Laufe des Nachmittags den unheimlichen Fremden mit dem bleichen Gesicht und dem schwarzen Vollbart in der Umgebung der Villa Molitor beobachtet hatten; die einen hatten ihn auf einer Bank sitzen sehen, düster vor sich hinstarrend, andere waren ihm begegnet, wie er langsamen Schrittes daherkam, und hatten ihm nachgeschaut mit einer Mischung von Neugier und Grauen.

Der Postbeamte berichtete über das Telephongespräch. Es ließ sich genau feststellen, wann dasselbe stattgefunden hatte. Und nun trat eine sehr wichtige Zeugin auf, die dem Staatsanwalt eine schwere Enttäuschung bereitete. Es war eine Freifrau von R., die in halber Höhe des Berges, etwa halbwegs zwischen dem Hotel Meßmer und dem Hause meiner Schwiegermutter, eine Villa bewohnte. Diese war an dem Abend ausgegangen, um einen Brief in den Kasten zu werfen. Die Kaiser-Wilhelm-Straße hinuntergehend war sie in der Nähe der Lindenstaffeln dem Unheimlichen mit dem schwarzen Vollbart begegnet, der mit großen Schritten bergan eilte. Auf dem Rückweg vom Briefkasten begegneten ihr die beiden Damen Molitor. Zwanzig bis dreißig Schritte hinter ihnen kam ein Herr.

„Derselbe, den Sie vorher bergan hatten eilen sehen?" fragte der Staatsanwalt.

„Nein, der war es nicht. Es war ein anderer, kleiner und älter, mit österreichischem Bartschnitt."

Ich wurde der Zeugin gegenübergestellt. Ja, das war der mit dem schwarzen Vollbart. Der Staatsanwalt gab sich alle erdenkliche Mühe, der Zeugin klarzumachen, daß dies auch der Mann sein müsse, der hinter den Damen Molitor herging. Aber je mehr er sie in diesem Sinne zu beeinflussen suchte, desto bestimmter erklärte die Zeugin, es seien zwei verschiedene Männer gewesen. Schließlich riß dem Staatsanwalt der Geduldsfaden, und er rief ihr ärgerlich zu: „Ach was, gnädige Frau, den Österreicher haben Sie bloß geträumt."

Nach diesem mysteriösen Österreicher ist in der Folge eifrig gefahndet worden. Man hat ihn nie gefunden. Wohl fand sich irgendein harmloser pensionierter Beamter, dessen Äußeres ungefähr der Beschreibung entsprach, aber der konnte zu seinem Glück ein Alibi nachweisen. Man nahm also an, daß dieser Unbekannte, der aller Wahrscheinlichkeit nach Zeuge der Tat gewesen sein mußte, sich nicht gemeldet hatte, weil er Scherereien befürchtete. „Oder vielleicht, weil er selber der Täter war" – meinte mein Verteidiger.

Die beleidigenden Worte, mit denen der Staatsanwalt die unbequeme Zeugin abzutun versuchte, hatten ein interessantes Nachspiel. Der Gatte der Dame, Hauptmann a.D., schickte ihm deswegen seine Zeugen. Aber der Herr Staatsanwalt war nicht gesonnen, seine Haut zu riskieren wegen einer Äußerung, die er *ex officio* gemacht und die deswegen privilegiert war – wieder diese sonderbare Idee, daß ein Staatsanwalt sich gegen Angeklagte und Zeugen alles erlauben darf –, und lehnte ab. Nicht genug damit, er erhob Klage. Der Hauptmann wurde vor den Strafrichter zitiert und erhielt wegen Herausforderung zum Duell drei Monate Festung. Diese drei Monate saß er auf dem Ehrenbreitstein ab und schrieb dann eine Broschüre, betitelt „Für Wahrheit und Recht", die in Karlsruhe sehr unangenehm empfunden wurde, zumal er Exemplare derselben den Allerhöchsten Herrschaften in die Hände zu spielen wußte.

Wie wichtig die Angaben der Frau v. R. waren, wurde erst erkennbar, wenn man sie zusammenhielt mit dem, was meine Schwägerin erzählte. Sie hatte sich am Nachmittag zu einem Kränzchen in die benachbarte Villa Engelhorn begeben. Am Abend erschien ihre Mutter in ziemlicher Aufregung, berichtete von dem Telephongespräch und forderte sie auf, mit zur Post zu gehen. Während sie die Kaiser-Wilhelm-Straße hinuntergingen, hörten sie hinter sich Schritte, Männerschritte. Umgesehen hätten sie sich nicht. Wohl aber seien sie etwas schneller gegangen, weil ihnen die Sache nicht ganz geheuer vorgekommen sei. Kurz nachdem sie der

Frau v. R. begegnet, kamen die Schritte hinter ihnen rasch näher, und plötzlich fiel der Schuß. Die Mutter sei sofort tot neben ihr zusammengebrochen. Jetzt erst habe sie sich umgewandt und gerade noch gesehen, wie die Gestalt in die Lindenstaffeln einbog. Darauf habe sie um Hilfe gerufen.

Die Theorie des Staatsanwalts war, daß ich nach dem Telephongespräch mich in die Nähe der Lindenstaffeln begeben und dort in einem Hinterhalt versteckt hatte, bis die Damen vorüber waren. Dann sei ich hinterhergeeilt und hätte den Schuß abgegeben. Aber das stimmte nicht mit dem, was Frau v. R. ausgesagt hatte. Sie hatte, als sie zum Briefkasten hinunterging, mich oberhalb der Lindenstaffeln mit großen Schritten bergan eilen sehen, und bis sie später auf dem Rückweg den Damen Molitor begegnete, waren etwa fünf Minuten verstrichen, während deren ich bis zur Villa Molitor gelangt sein mußte, falls ich das Tempo beibehielt. Nahm man aber an, daß ich das Tempo nicht beibehielt, sondern haltmachte, über ein Gitter kletterte und mich in einem der Villengärten versteckte, bis die Damen vorüber waren, dann wieder über das Gitter kletterte und ihnen nacheilte, so hätte ich, ebenso wie der unbekannte Österreicher, von der Frau v. R. gesehen werden müssen. Die Aussage meiner Schwägerin ließ keinen Zweifel darüber, daß der Täter längere Zeit hinter den Damen hergegangen war. Wäre ich hinter dem Österreicher gekommen, so hätte ich an ihm vorbeigehen müssen, um mich den Damen zu nähern, und er hätte Zeuge der Tat sein müssen. War es glaublich, daß ich den Mord vor den Augen eines Dritten begangen hatte?

Nun war noch die Annahme möglich, daß ich den Schuß aus dem Hinterhalt abgegeben hatte, unsichtbar sowohl für die Damen wie für den hinter ihnen kommenden Österreicher; man hätte dann weiter annehmen können, daß der letztere, erschreckt über das Vorgefallene, sich schleunigst aus dem Staube machte, um nicht in eine Kriminalsache verwickelt zu werden. Aber mit dieser Annahme war die Tatsache unvereinbar, daß der Schuß aus allernächster Nähe – fast auf das Kleid aufgesetzt, wie die Sachverständigen erklärten – abgegeben war. Merkwürdig, wie die Nähe des Schusses war auch seine Richtung. Die Ermordete war von kleiner Statur, der Schuß ging von unten nach oben ins Herz. Einer der Zeugen, der alte Geheimrat, der die Sektion der Leiche vorgenommen hatte, demonstrierte den Geschworenen, wie ich bei der Abgabe des Schusses mich verhalten hatte. Ich sei schnell herbeigelaufen – bergab, bei beträchtlichem Gefäll –, habe mich unmittelbar hinter meinem Opfer niedergeduckt, den Revolver dicht an das Kleid herangehalten und dann geschossen. So sei die Schußrichtung von unten nach oben zu erklären. Überzeugend wirkte die Demonstration nicht; naheliegend war es, anzunehmen, daß der Täter auch von kleiner Statur gewesen war.

Meine Schwägerin wurde natürlich von dem Staatsanwalt gefragt, ob sie bezüglich der in die Lindenstaffeln einbiegenden Gestalt nichts Näheres angeben könne, insbesondere, ob ihrer Meinung nach ich der Mann gewesen sei. Sie versetzte darauf, es sei ihr unmöglich, etwas Näheres zu sagen, als daß es eine ziemlich große Gestalt in langem Mantel und, wie sie glaube, mit aufgeschlagenem Kragen gewesen sei; sie habe den Mann viel zu flüchtig gesehen, um ihn wiederzuerkennen. Daß *ich* es gewesen sei, habe sie nie geglaubt, da sie mich nicht für den Täter halte.

Erwähnenswert ist, daß sie die einzige in der Familie war, die mich *nicht* für den Täter hielt. Das heißt, damals nicht.

Nun kam der Kutscher Braun. Etwas aufgeregt erzählte er, wie er an dem Abend auf der Lichtentaler Allee beim Alleehaus einen Fahrgast aufgenommen und zum Bahnhof gefahren, wo ihm derselbe, ohne nach dem Tarif zu fragen, zwei Mark eingehändigt habe. Der Staatsanwalt ließ mich ihm gegenüberstellen und fragte im freundlichsten Tone, dessen er fähig war: „Sie erkennen doch in dem Angeklagten Ihren Fahrgast wieder?" Der Kutscher beschaute mich, beschaute den ihm aufmunternd zulächelnden Mann in der furchterregenden Robe und stotterte dann: Ja, er glaube, daß ich es gewesen sei; beschwören wolle er's nicht, das sei ja nun schon lange her; aber er glaube sicher, daß ich es gewesen sei. „Gut," nickte der Staatsanwalt, „das genügt; aber nun denken Sie einmal genau darüber nach: Sie sagen, Sie hätten den Fahrgast beim Alleehaus aufgenommen; das muß ein Irrtum sein; kann es nicht auch beim Kaiserin-Augusta-Denkmal gewesen sein? Es sind ja nur ein paar hundert Meter Differenz, da ist eine Täuschung leicht erklärlich. Denken Sie mal genau darüber nach, was meinen Sie?" Beim Anblick des ratlosen Gesichts, das der arme Braun machte, konnte ich mich eines Lächelns nicht enthalten; als er das sah, mochte er wohl denken: Nun, ihm scheint es ja so recht zu sein, da kann es mir auch recht sein, also nur zu: Ja, es könne ja wohl auch beim Kaiserin-Augusta-Denkmal gewesen sein; er glaube zwar, daß es beim Alleehaus gewesen sei; aber das sei ja nun schon lange her, da könne er nichts beschwören.

Der Staatsanwalt war zufrieden, Braun wurde in Gnaden entlassen.

Ein Diener der Ermordeten, der am Nachmittag des 6. November beurlaubt gewesen war, sich angeblich nach einer benachbarten Ortschaft begeben hatte und später am Tatort erschien, war einigen Zeugen aufgefallen durch sein sonderbares Benehmen. Der Verteidiger glaubte diese Spur nicht unbeachtet lassen zu dürfen; er beantragte die Vorladung des Mannes. Es stellte sich heraus, daß sein gegenwärtiger Aufenthaltsort nicht bekannt war. Sofort wuchs der Verdacht und wurde in allen Zeitungen besprochen. So las denn auch der unschuldig Verdächtigte, der irgendwo in Hinterpommern saß, daß er plötzlich über Nacht berühmt geworden war, meldete sich sofort telegraphisch und erschien am nächsten Tage im Gerichtssaal. Eine durchaus harmlose Persönlichkeit. Die Verteidigung mußte sich überzeugen, daß die Spur eine falsche gewesen war.

Zeitungsberichterstatter waren natürlich in großer Zahl anwesend. Ihre Berichte waren anfangs für mich ungünstig gefärbt; eine Ausnahme machten nur die amerikanischen und englischen Reporter, die nach der anderen Richtung voreingenommen schienen. Aber je weiter die Verhandlung fortschritt, je offensichtlicher der Mangel an Unparteilichkeit des Vorsitzenden und die maßlose Animosität des Staatsanwalts wurde, desto entschiedener nahmen alle Berichte einen Ton an, der weder dem Vorsitzenden, noch dem Staatsanwalt behagte. Der letztere konnte seinen Ärger auf die Dauer nicht verbergen. Als der Verteidiger den Zeitungsartikel zur Sprache brachte, den die Staatsanwaltschaft vor der Verhandlung in die „Badische Presse" lanciert hatte und an demselben berechtigte Kritik übte, war der Becher seines Zornes voll. Ein weiterer Tropfen brachte ihn zum Überlaufen. Irgendein auswärtiger Journalist wurde in der Angelegenheit des genannten Artikels als Zeuge vernommen und äußerte sich dabei in einer solchen Weise, daß der Staatsanwalt ihm zurief: „Sie sind wohl von der Familie des Angeklagten dafür bezahlt worden, daß Sie hier so auftreten!" Der Beschimpfte antwortete darauf: „Herr Staatsanwalt, das ist eine Infamie!" Große Aufregung im Saale. Der Vorsitzende sprang auf und schrie den Zeugen an: „Herr, wie können Sie sich unterstehen, ein Mitglied des Gerichtshofes in so unerhörter Weise zu beleidigen?" „Weil er mich zuerst beleidigt hat." Ja, mein Lieber, das sind zwei Paar Stiefel. *Quod licet Jovi, non licet bovi.* Weißt du nicht, daß der Herr Staatsanwalt privilegiert ist und beleidigen darf, soviel er will? Dreißig Mark Geldstrafe. Du kannst froh sein, daß du so billig davongekommen bist.

Der nächste, der den Zorn dieses energischen Vertreters der Anklage zu spüren bekam, war der Verteidiger. Dieser, auch ziemlich cholerischen Temperaments, setzte sich zur Wehr, und die beiden gerieten einander in die Haare. Figürlich gesprochen natürlich. Das Ergebnis war eine Pistolenforderung, die aber der Geforderte wiederum ablehnte. Doch unterließ er es in diesem Fall, seinen Gegner vor den Kadi zu schleppen; aus welchen Gründen, wäre interessant zu wissen.

Die ersten Tage hatte es den Anschein gehabt, als ob die Verurteilung des Angeklagten die selbstverständlichste Sache der Welt sei. Dementsprechend war auch die Stimmung des Publikums im Saale gewesen. Allmählich wurde das anders.

Bei der Vernehmung der Leumundszeugen trat die Parteilichkeit des Vorsitzenden immer krasser in die Erscheinung. Zeugen, die irgend etwas aussagten, was ein schlechtes Licht auf mich werfen konnte, faßte er mit Sammetpfoten an, den anderen zeigte er die Krallen. Einer meiner Universitätsfreunde wußte von Ausschweifungen zu erzählen, die ich mir während des ersten Semesters zuschulden kommen ließ. Harmlose Dinge, im Grunde genommen, diese Besuche in der Hochbergstraße; aber sie wurden aufgebauscht und des langen und breiten erörtert, wie wenn sie zur Begründung der Anklage von der allergrößten Wichtigkeit gewesen wären. Ich sehe noch heute die tugendhafte Entrüstung in dem Gesichte eines der Beisitzer, dessen pharisäerhaftes Getue mir so sehr auffiel, daß ich mich genauer nach ihm erkundigte; wie zu erwarten war, ergab sich, daß er alle Veranlassung gehabt hätte, sich Zurückhaltung aufzuerlegen.

Wehe aber dem Zeugen, der sich mit Wärme für mich einsetzte. Ein junger Philologe, mit dem ich jahrelang intim verkehrt hatte, nahm sich heraus, zu sagen, es sei absurd, mir ein solches Verbrechen zuzutrauen. Hui, fuhr der Vorsitzende ihm über den Mund! Wie er sich unterstehen könne usw.; die ihm gestellten Fragen habe er zu beantworten, aber seine Meinungen solle er für sich behalten, die hätten hier gar keinen Wert. Nun, vielleicht hätten sie doch einigen Wert, versetzte der junge Mann kaltblütig, wenn nicht für den Staatsanwalt und den Vorsitzenden, so doch für die Geschworenen und am Ende auch für den Angeklagten.

Ein Korrespondent, der mich in Konstantinopel gekannt hatte, zog sich den Unwillen des Staatsanwalts in solchem Grade zu, daß er sich die schnödeste Behandlung gefallen lassen mußte; noch heute läuft ihm die Galle über, wenn er daran denkt.

Ein Schwager von mir, Oberstleutnant a.D., sagte aus, er habe sofort, nachdem er von dem Morde Kenntnis erhalten, mit Entschiedenheit erklärt, es könne niemand anders der Täter gewesen sein als ich. Entwarf dann ein Bild meines Charakters, das den Staatsanwalt entzückt haben muß. Auf die Frage des Verteidigers, wo er denn Gelegenheit gehabt habe, sich mit der Persönlichkeit des Angeklagten so genau vertraut zu machen, gab er zu, mich nie gesehen zu haben. – Ähnlich wie er sprachen sich die anderen Mitglieder der Familie aus.

Nur meine Schwägerin Olga nicht. Der Verteidiger stellte einige Fragen an sie, die schlecht im Einklang standen mit dem Versprechen, das er mir gegeben hatte, Familiengeschichten nicht zur Sprache zu bringen. Ob ihr etwas davon bekannt sei, daß in Paris zwischen meiner Frau und mir ein Zerwürfnis stattgefunden habe? Nein, es sei ihr nichts davon bekannt. Ob ihr etwas davon bekannt sei, daß meine Frau eifersüchtig gewesen – ihretwegen? Nein. Ob diese Eifersucht grundlos gewesen sei? Ja. Es hätten aber doch zwischen ihr und mir schon vor Jahren gewisse Beziehungen bestanden, in Ajaccio und später in Montreux.

Weitere Fragen in dieser Richtung zu stellen, verhinderte ich ihn. Aber das Unheil war nun einmal losgebrochen. Der Vorsitzende wandte sich an die Zeugin mit der Frage: „Gnädiges Fräulein, der Verteidiger hat von Beziehungen gesprochen, die zwischen Ihnen und dem Angeklagten bestanden hätten. Wollen Sie uns nicht sagen, welcher Art diese Beziehungen waren?"

„Freundschaftlicher Art. Wir verkehrten in Ajaccio und Montreux viel zusammen."

„Und später?"

„Nachdem er sich mit meiner Schwester verheiratet hatte, habe ich meinen Schwager nicht mehr gesehen bis zum Sommer vorigen Jahres."

„Irgendwelche Beziehungen – wie soll ich sagen? – intimer Art haben zwischen Ihnen nicht bestanden?"

„Nein."

Der Vorsitzende wandte sich zu mir. „Angeklagter, Sie haben gehört, was die Zeugin ausgesagt hat. Wollen Sie etwas dazu bemerken?"

„Nur das eine: daß die Beziehungen zwischen meiner Schwägerin und mir immer korrekt gewesen sind."

Dr. Dietz, der sich nur mit Mühe hatte zügeln lassen, warf ein, daß es doch den Anschein habe, als ob die Eifersucht meiner Frau nicht ganz unbegründet gewesen, und verwies auf die Briefe, die meine Frau mir im September und Oktober nach Konstantinopel geschrieben habe, und auf das Zeugnis des Kindermädchens. Dem hielt ich entgegen, daß die Auslassungen in den Briefen nur subjektiver Art seien und die Erzählung des Kindermädchens Dienstbotentratsch. So wurde denn nach einigem Hin und Her das heikle Thema für diesmal fallen gelassen. Aber der Verteidiger eröffnete mir in der nächsten Pause, er halte es für unumgänglich, daß ich dem Gerichtshof eine Erklärung abgebe über das Motiv meiner Reise nach Baden-Baden. Übrigens habe er sich entschlossen, auf Freisprechung zu plädieren, er halte mich nicht mehr für den

Täter. Wenn er auch meinen Vorsatz noch nicht umwarf, einigermaßen ins Wanken brachte er ihn doch.

Von den drei psychiatrischen Sachverständigen sprach zuerst der Bezirksarzt. Erstaunlich, was für ein Fertigfabrikat der Mann aus dem dürftigen Rohstoff, den er seinerzeit in dem famosen Notizbuch aufgestapelt, zustande gebracht hatte. Er schilderte mich als einen Ausbund von Verworfenheit. Ließ kein gutes Haar an mir und bemühte sich dann, bis ins einzelne gehend, den Nachweis zu führen, wie ich die Tat verübt hätte, wobei er mit der Logik ziemlich selbstherrlich umsprang. Er richtete seinen Vortrag direkt an die Geschworenen und sprach in so apodiktischem Tone, daß er auf die Leute zweifellos einen starken Eindruck machte. Das sah man an ihren Mienen; der Herr Medizinalrat imponierte ihnen. Der Vorsitzende hatte kein Wort gegen die Kompetenzüberschreitung einzuwenden, sondern hörte dem Gallimathias mit Wohlgefallen zu. Der Verteidiger aber war empört und legte schärfsten Protest ein; kein Gutachten sei das gewesen, sondern schlimmer als ein Plädoyer des Staatsanwalts, und dazu ein so verworrenes und unsinniges Geschwätz, daß es schwer sei zu begreifen, wie ein gebildeter Mensch so etwas vorbringen könne. Er sagte noch mehr, was für den alten Herrn keineswegs schmeichelhaft war. Dieser riß bestürzt die Augen auf und rief den Schutz des Gerichtshofs an, der ihm denn auch in ausgiebigem Maße zuteil wurde. Der Vorsitzende fuhr den Verteidiger heftig an und erteilte ihm eine Rüge. Da sich Dr. Dietz eine solche Behandlung nicht bieten ließ, sondern erklärte, wenn die Verhandlung in der bisherigen parteiischen Weise weitergeführt werde, sei er entschlossen, die Verteidigung niederzulegen, so war der schönste Skandal da, wenn der Vorsitzende nicht doch klug genug gewesen wäre, im letzten Augenblick einzulenken. Aber natürlich war der Vorfall nicht geeignet, die elektrische Spannung, die in der Atmosphäre lag, zu verringern.

Mit vornehmer Sachlichkeit erstattete der Geheimrat sein Gutachten. Neben seinem Vorgänger nahm er sich aus wie ein König im Reiche der Wissenschaft neben einem Kärrner. So vorsichtig er seine Worte wählte, ein gewisser Unterton war unverkennbar, der Sympathie für den Angeklagten verriet. Und in gleicher Weise, nur vielleicht mit noch etwas weniger verhüllter Sympathie, äußerte sich Professor Aschaffenburg.

Nun betrat auch der Schreibsachverständige den Zeugenstand und hob an, sein Sprüchlein herzusagen, indem er einen formidablen Stoß Papiere aus der Tasche zog und vorbereitenderweise bemerkte, der Fall biete zwar ungewöhnliche Schwierigkeiten, die ihn zu langen und gründlichen Ausführungen über die verschiedenen Seiten des Problems nötigten, aber nichtsdestoweniger gebe er sich der Hoffnung hin, daß es ihm gelingen werde, dem Hohen Gerichtshof eine restlos befriedigende Aufklärung zu liefern und jeden Zweifel zu zerstreuen. Sprach's, setzte seinen Kneifer auf, nahm eines der Papiere zur Hand, räusperte sich und war im Begriff, sich kopfüber in die Lösung des Rätsels hineinzustürzen. Da war ich Unmensch genug, ihm den schon mit den Fingerspitzen der Rechten erfaßten Lorbeer zu entreißen. Ich erhob mich und gab die Erklärung ab, ich wollte dem Herrn Sachverständigen die Mühe ersparen dadurch, daß ich die Absendung des Pariser Telegramms einräume. In meinem Leben werde ich den grimmigen Blick nicht vergessen, den mir der Mann zuschleuderte, als er unverrichteterdinge abtreten mußte.

Der gerichtlich vereidigte Übersetzer der englischen Papiere gab zu, daß er den Satz in dem Schreiben der Londoner Bank: *„The loss must fall on your shoulders"* fälschlich wiedergegeben hatte: „Der Verlust muß auf unsere Schultern fallen" – anstatt „auf *Ihre* Schultern". Nun versuchte der Staatsanwalt zwar noch nachträglich aus der immerhin dunklen Sache – ich hatte mir in Wien 10000 Mark als Rest eines meiner Kreditbriefe auszahlen lassen, diese Tatsache dann völlig vergessen und den Kreditbrief als verloren gemeldet – etwas für sich herauszuholen, indem er behauptete, ich hätte die Absicht gehabt, einen Betrug zu verüben, zwar nicht an der Bank, aber an meinem Washingtoner Sozius, der mit mir zusammen die Kosten des Kreditbriefs getragen hatte. Dem gegenüber brauchte ich nur darauf hinzuweisen, daß es, falls ich eine solche Absicht gehabt hätte, viel einfacher gewesen wäre, die Summe in Konstantinopel abzuheben und unter den Spesen zu verrechnen. Auch dieser Fall lag so, daß nur ein Trottel bei der Ausführung eines Verbrechens so zu Werke gegangen wäre, wie es der Staatsanwalt mir unterschob.

Die Beweisaufnahme näherte sich ihrem Ende. Es waren im wesentlichen nur mehr die amerikanischen Zeugenaussagen zur Verlesung zu bringen, die für mich sehr günstig lauteten. Da trat ein unvorhergesehener Zwischenfall ein.

Ein Karlsruher Rechtsanwalt meldete sich zum Wort und brachte folgendes vor. „Ein Klient von mir, sächsischer Referendar und zurzeit Kunstschüler an der hiesigen Akademie, den ich unlängst vor dem Schöffengericht in einer Bagatellsache, die mit einem Freispruch endigte, verteidigt habe, ist zu mir gekommen und hat mir eine Mitteilung gemacht, die ich mich verpflichtet fühle dem Gericht zur Kenntnis zu bringen. Der Referendar ist im Untersuchungsgefängnis Zellengenosse des gegenwärtig Angeklagten gewesen und mit ihm ziemlich intim geworden; dabei hat er die Überzeugung gewonnen, daß derselbe wichtige und für die Beurteilung des Falles entscheidende Fakte geheimhalte, glaubt auch zu wissen, welcher Art diese sind. Gestern nun suchte er mich auf und stellte mir die Frage, wie ich über den mutmaßlichen Ausgang des jetzt im Gange befindlichen Sensationsprozesses dächte, für den er sich ganz besonders interessiere. Ich hielt nicht zurück mit meiner Meinung, daß eine Verurteilung höchstwahrscheinlich sei. Das sei auch seine Meinung, sagte er, und er halte es für ein großes Unglück, denn er sei überzeugt von der Unschuld des Angeklagten. Davon seien noch mehr Leute überzeugt, entgegnete ich ihm, aber, worauf es ankomme, das sei die Überzeugung der Geschworenen, und die scheine, nach allem, was ich gehört, nach der anderen Seite zu neigen; wenn ihm also etwas bekannt sei, was zu Gunsten des Angeklagten spreche, so sei es Zeit, damit herauszurücken. Ja, das sehe er ein, aber er habe dem Angeklagten sein Wort gegeben, das in Erfahrung Gebrachte für sich zu behalten. Worauf ich ihm erklärte, die Pflicht, in einer Sache, wo das Leben eines Menschen auf dem Spiele stehe, zur Feststellung der Wahrheit beizutragen und ein Fehlurteil zu verhüten, sei gebieterischer als die Pflicht, ein solches Versprechen zu halten. Halb und halb gab er das zu; sagte aber, er wolle zuerst versuchen, sich mit der Familie Molitor in Verbindung zu setzen. Heute nun höre ich, daß dieser Versuch gescheitert ist. Jetzt ist er unentschlossen und weiß nicht, was er tun soll. Ich stelle dem Gerichtshof anheim, den Referendar L. als Zeugen zu laden und zur Aussage zu nötigen."

Daß der Gerichtshof hierauf mit sonderlichem Eifer einging, kann man nicht behaupten. Der Staatsanwalt beeilte sich einzuwerfen, der Referendar L. sei schon vor einiger Zeit von ihm über die in der Zelle bei mir gemachten Wahrnehmungen verhört worden – mit völlig negativem Ergebnis. Gleichwohl war doch die Sache zu wichtig, als daß der Vorsitzende sich getraut hätte, sie einfach unter den Tisch fallen zu lassen, und so wurde denn die Ladung des Zeugen beschlossen. Sehr zufrieden mit dieser Wendung war der Verteidiger; jetzt müsse ich doch wohl endlich begreifen, daß der Augenblick zum Reden gekommen sei.

Gegen Abend erschien der Referendar, wurde vereidigt und berichtete über unser Zusammensein in der Gefängniszelle. Aber als er nun in sehr ungnädigem Ton aufgefordert wurde, seine vermeintliche Wissenschaft vorzubringen, verweigerte er über diesen Punkt das Zeugnis. Darauf wurde der Vorsitzende noch viel ungnädiger und rief ihm zu: „Spielen Sie uns hier keine Komödie vor. Entweder sagen Sie, was Sie wissen, oder das Zeugniszwangsverfahren wird gegen Sie eröffnet. Ich bin nicht gesonnen, mich von Ihnen an der Nase herumführen zu lassen."

Der Zeuge schwieg. Der Vorsitzende zu mir: „Angeklagter, machen Sie der absurden Szene ein Ende und reden Sie. Was ist das für ein Geheimnis, das der Zeuge nicht verraten will? Etwas Wichtiges muß es doch sein, wenn er lieber ins Gefängnis gehen will, als Ihr Vertrauen mißbrauchen." Der spöttische Ton ließ keinen Zweifel darüber, daß er das Ganze für ein abgekartetes Spiel hielt.

„Je nun," erwiderte ich, „der Anlaß ist zwar so unpassend wie möglich, aber das tut ja am Ende nichts. Ich will also sagen, weshalb ich am 6. November nach Baden-Baden gereist bin."

Der Vorsitzende lehnte sich zurück, warf den Geschworenen einen Blick zu, der besagte: Nun paßt auf, was er euch für einen Roman erzählen wird, und fallt nicht darauf herein –, der Staatsanwalt erhob sich mit einem skeptischen Lächeln. Die Spannung im Saale erreichte den Höhepunkt.

Ich sagte nun mit möglichst wenig Worten, ich sei von London nach Baden-Baden gereist, um vor der Rückkehr nach Amerika meine Schwägerin Olga noch einmal zu sprechen, für die ich eine leidenschaftliche Zuneigung empfand. Der Abschied in Paris sei zu unbefriedigend gewesen. Um in Baden-Baden nicht erkannt zu werden, hätte ich die Perücke und den falschen Bart angelegt. Den Nachmittag aber hätte ich mich in der Umgebung der Villa aufgehalten, in der Hoffnung, meiner Schwägerin ansichtig zu werden.

„Aber die Dame hat doch tatsächlich das Haus verlassen, um sich in die Villa Engelhorn zu begeben", warf der Vorsitzende ein.

„Ich habe sie nicht gesehen. Ich vermutete sie immer noch im Hause. Gegen Abend suchte ich einen Dienstmann ausfindig zu machen, der ihr ein paar Zeilen hätte überbringen können, aber ich fand keinen. Da geriet ich auf den Gedanken, die Mutter auf die Post zu bestellen, um in ihrer Abwesenheit mich meiner Schwägerin nähern zu können."

„Ein sonderbarer Gedanke. Da gab es doch andere Mittel und Wege, die näher lagen."

„Das mag sein. Nachher sind mir auch andere Wege eingefallen, die zweckmäßiger gewesen wären."

„Nun weiter. Was taten Sie, nachdem Sie telephoniert hatten?"

„Ich eilte, so rasch ich konnte, die Kaiser-Wilhelm-Straße hinauf und gelangte bis zur Villa Engelhorn. Da sah ich die beiden Damen herauskommen. Mein Plan war vereitelt. Aber nicht nur das. Ich sah überhaupt keine Möglichkeit mehr, an diesem Tage das Ziel zu erreichen. Meine Schwiegermutter würde äußerst mißtrauisch werden, wenn sie auf der Post erfuhr, daß sie zum zweitenmal das Opfer einer Mystifikation geworden war. Und es bedurfte keiner großen Kombinationsgabe, um den Zusammenhang der beiden Vorfälle zu erraten. Daß ich der Absender des Pariser Telegramms war, das wußte oder ahnte sie sicher schon. So mochte sie wohl leicht auf den Gedanken kommen, daß ich es war, der telephoniert hatte. Und dann durfte ich überhaupt nicht hoffen, daß es mir gelingen würde, mich unbemerkt meiner Schwägerin zu nähern. Das ganze Unternehmen, die Reise, die Vermummung, das Telephonieren erschien mir plötzlich in einem anderen Licht. Eine heftige Reaktion setzte ein. Ich dachte an meine Frau und schämte mich. Was war ich da im Begriff gewesen für eine Dummheit und Schlechtigkeit zu begehen! Nun, glücklicherweise war's noch Zeit zur Umkehr. – Blitzschnell ging mir dies alles durch den Kopf, dann machte ich mich auf und eilte auf dem nächsten Wege, die Bismarckstraße hinunter, nach der Allee, entfernte unterwegs den falschen Bart, bestieg eine Droschke und fuhr zum Bahnhof."

„Welche Droschke? Die des Kutschers Braun?" fragte der Vorsitzende.

„Das kann ich nicht sagen. Aber da sich außer ihm von den Badener Droschkenkutschern niemand gemeldet hat, der um die fragliche Zeit auf der Allee einen Fahrgast aufnahm, so wird es wohl die Droschke des Kutschers Braun gewesen sein."

„Sie müssen sich doch erinnern, ob Sie ihm am Bahnhof, ohne nach dem Tarif zu fragen, zwei Mark gegeben haben?"

„Nein, dessen erinnere ich mich nicht. In Anbetracht der Tatsache, daß diese zwei Mark, wie die Anklageschrift behauptet, so ungemein charakteristisch für mich sind…"

„An welcher Stelle der Allee haben Sie die Droschke bestiegen?"

„Beim Alleehaus. Da, wo die Bismarckstraße einmündet."

„Haben Sie den Schuß gehört?"

„Nein."

„Sie sagen, Sie hätten zu Ihrer Schwägerin eine leidenschaftliche Zuneigung empfunden. Wurde dieselbe erwidert? Und werden Sie jetzt Ihre frühere Aussage, daß die Beziehungen zwischen Ihnen und der Dame immer korrekt gewesen seien, widerrufen?"

„Im Gegenteil, ich wiederhole dieselbe ausdrücklich: unsere Beziehungen sind immer korrekt gewesen."

Der Vorsitzende ließ meine Schwägerin an die Schranken treten und sagte: „Sie haben gehört, was der Angeklagte bekundet hat. Wie äußern Sie sich dazu?"

„Ich bin aufs höchste überrascht."

„Sie haben seine Leidenschaft nicht erwidert?"

„Ich hatte keine Ahnung davon."

„Wußten Sie an dem Nachmittag, daß er in Baden-Baden war?"

„Nein."

„Wenn er Sie angeredet hätte, wie er angibt, beabsichtigt zu haben, was würden Sie ihm geantwortet haben?"

„Ich hätte ihn heimgeschickt zu seiner Frau."

Der Vorsitzende nickte befriedigt. Hielt mir vor, daß meine Aussagen sehr unglaubwürdig klängen. Ermahnte mich noch einmal, der Wahrheit die Ehre zu geben. Ich blieb bei dem, was ich gesagt hatte.

Der Staatsanwalt ließ die Akten des Referendars bringen und gab die Erklärung ab, daß derselbe, wegen Sittlichkeitsdelikts angeklagt, in erster Instanz zwar freigesprochen worden sei, daß aber die Staatsanwaltschaft gegen das Urteil Berufung eingelegt habe. Wann war diese Berufung eingelegt worden? Gleich nachdem das Urteil ergangen war? Nein, erst dann, als der Referendar sich durch sein Auftreten in meiner Verhandlung der Staatsanwaltschaft mißliebig gemacht hatte. Und nicht bloß der Staatsanwaltschaft hatte er sich mißliebig gemacht. In zweiter Instanz verurteilte ihn die Strafkammer zu drei Monaten Gefängnis. Er war der erste einer ganzen Reihe von Personen, die erfahren mußten, wie gefährlich es sei, zu meinen Gunsten die Finger in das Räderwerk der Justizmaschine hineinzustecken.

Einige Tage nachdem ich verurteilt worden war, meldete sich in Baden-Baden eine Zeugin, ein älteres Fräulein, Inhaberin eines Ladengeschäfts, gänzlich unvorbestraft und von bestem Leumund, die an dem fraglichen Abend kurz nach 6 Uhr an der Stelle, wo die Bismarckstraße in die Allee einmündet, gesehen hatte, wie ein hochgewachsener Herr in dunklem Mantel die Bismarckstraße herabkam, unter einer Laterne stehen blieb, um nach der Uhr zu sehen, dann am Alleehaus eine Droschke anhielt und einstieg. Kurz darauf habe sie den Schuß fallen hören. Aufgefallen sei ihr im Scheine der Straßenlaterne das bleiche Gesicht des Herrn. Sie sei aber nie auf den Gedanken gekommen, denselben mit dem Mordprozeß in Verbindung zu bringen, da es in den Zeitungen immer geheißen habe, der Angeklagte sei am Kaiserin-Augusta-Denkmal in die Droschke eingestiegen. Übrigens habe sie ihre Wahrnehmung noch am gleichen Abend Verwandten erzählt.

Hier war nun eine Zeugin, deren Aussage zweifellos entscheidend ins Gewicht fiel. Wie verhielt sich die Behörde ihr gegenüber? Der Verteidiger beantragte natürlich, daß man durch Konfrontation feststelle, ob ich der fragliche Herr gewesen sei. Aber das war offenbar ein gefährliches Experiment. Denn wie, wenn die Zeugin erklärte, sie erkenne mich wieder? Und dann war ja auch eine solche Konfrontation nach der Ansicht der Staatsanwaltschaft ganz überflüssig, da von vornherein feststand, daß ich der Herr nicht gewesen sein konnte; ich habe ja doch an den Lindenstaffeln den Mord verübt und war dann durch die Gärten des Hotels Meßmer nach dem Bahnhof geflüchtet – den Kutscher Braun hatte der Staatsanwalt inzwischen wiederum fallen lassen mitsamt den ungemein charakteristischen zwei Mark –, wie konnte ich also beim Alleehaus die Droschke bestiegen haben? Statt also die Aussage der Zeugin durch einen Richter zu Protokoll nehmen zu lassen, schickte man ihr den rotbärtigen Wachtmeister ins Haus, der geduldig lächelnd die Räubergeschichte anhörte und dann mit gutmütigem Spott bemerkte: „Aber, Fräulein, was wolle Se denn eigentlich? Sie wolle doch den Hau nit heirate?" Und mit diesem geistreichen Witzwort war die Sache erledigt. –

Es sah, nachdem ich meine Erklärung bezüglich des Motivs der Badener Reise abgegeben hatte, eine Weile so aus, wie wenn die Verhandlung noch am gleichen Abend zum Abschluß gebracht werden könnte. Der Vorsitzende erkundigte sich bei Staatsanwalt und Verteidiger, wieviel Zeit sie für ihre Plädoyers wohl benötigten, und außerdem waren nur noch die amerikanischen Zeugenaussagen übrig. Um rasch zu Ende zu kommen, verzichtete der Verteidiger auf deren Verlesung. Während der nun eintretenden Pause nahmen wir im Gefängnis zusammen einen kleinen Imbiß ein. Dr. Dietz war siegesgewiß, er hatte von dem psychiatrischen Sachverständigen, Professor Aschaffenburg, eine Karte erhalten, worin dieser seiner Überzeugung Ausdruck gab, daß der Prozeß mit einem Freispruch enden werde.

Aber als nach der Pause die Sitzung wieder aufgenommen wurde, ergaben sich allerhand Verzögerungen; es war offensichtlich, daß der Vorsitzende einen Abschluß für diesen Abend nicht wünschte.

Noch der ganze nächste Tag ging hin mit Zeugenvernehmungen, von denen die eine immer belangloser war als die andere. Dann erhielt der Staatsanwalt das Wort zur Begründung der Anklage.

Er sprach zunächst mit Pathos von dem „blutgetränkten Boden der friedlichen Bäderstadt". Sehr wirkungsvoll auf die Geschworenen mag das Argument gewesen sein, daß eine exemplarische Bestrafung dieses Verbrechens schon deswegen ein Gebot der Notwendigkeit sei, weil sonst viele Kurgäste von dem Besuch Baden-Badens abgeschreckt würden; die Prosperität des Ortes schien gefährdet, wenn sie mich nicht zum Tode verurteilten. Darauf entwarf er ein düsteres Bild meiner moralischen Verworfenheit. Er skizzierte meinen Lebenslauf, der nach vielversprechendem Anfang rasch in einen Sumpf geführt hatte; immer tiefer war ich darin versunken, bis mir schließlich „Verzweiflung die Mordwaffe in die Hand gedrückt". Ja, und da hatte ich zuerst in Paris versucht, meine Schwiegermutter zu töten, es war nicht geglückt, aus Gründen, deren Untersuchung zu weit führen würde. Besser glückte der zweite Versuch. Er schilderte genau, wie die Tat geplant worden war, und analysierte auf seine Weise meinen Seelenzustand: ein groteskes Gemisch von Kopflosigkeit, Schurkerei und Gemeinheit. Welch ein Glück, daß dadurch die Entdeckung so leicht gemacht war! Ein dem Herrn Staatsanwalt besonders wohlwollender Gott hatte den an sich gar nicht so dummen Verbrecher mit Blindheit geschlagen. Daß dieser Verbrecher von Haus aus kein Esel war, davon hätten ja die Geschworenen Gelegenheit gehabt, sich zu überzeugen. Welch ein raffiniertes Verteidigungssystem! Wie schwer war es gewesen, der Gerechtigkeit zum Siege zu verhelfen. Nur durch einen ungeheuren Aufwand an Klugheit und Besonnenheit hatte man die Finten dieses heimtückischen Fechters pariert. Jetzt kam es nur darauf an, daß die Geschworenen sich keinen Sand in die Augen streuen ließen. Aber er hatte das Vertrauen zu diesen biederen und mit gesundem Menschenverstand begabten Männern aus dem Volke, daß sie mit dem amerikanischen Humbug schon fertig würden. Sie würden verstehn, daß es eine Ehrensache für die deutsche Rechtspflege sei, das gefährliche Raubwild zur Strecke zu bringen. „Meine Herren Geschworenen, ich bin sicher, daß Sie den Angeklagten des Mordes schuldig erkennen werden."

Sprach's mit beschwörender Gebärde und ließ sich zufriedenen Blicks auf seinen kurulischen Sessel nieder. Größere Genugtuung kann Cicero nicht empfunden haben nach einer seiner Reden gegen den bösen Katilina.

Die Rede des Verteidigers war kurz und bündig, frei von rhetorischen Floskeln; er suchte die Unzulänglichkeit der Indizien darzutun und verlangte Freisprechung. Auf solche Beweise hin könne man einem Menschen nicht den Kopf abschlagen.

Ei was, replizierte darauf der Staatsanwalt, wer wird denn gleich von Kopfabschlagen reden. So weit sind wir ja noch lange nicht. Auch wenn der Angeklagte zum Tode verurteilt werde, so bedeute das keineswegs, daß die Guillotine in Tätigkeit treten müsse. Es gebe ja auch lebenslängliches Zuchthaus. Also möchten sich die Herren Geschworenen diesbezüglich keine grauen Haare wachsen lassen und ruhig verurteilen.

Der Vorsitzende stellte mir frei, selber das Wort zu ergreifen. Ich sah mir noch einmal meine Richter an, überlegte ein Weilchen, und verzichtete.

Gegen den Einspruch des Verteidigers beschloß der Gerichtshof eine Zweiteilung der Frage. Das Reichsgericht hat diese Zweiteilung für berechtigt erklärt, obwohl namhafte Autoritäten sich dagegen erklärt haben. Es hieß also zunächst: „Ist der Angeklagte schuldig, am 6. November 1906 seine Schwiegermutter vorsätzlich getötet zu haben?" Und dann: „Ist die Tat mit Überlegung ausgeführt worden?"

Die Beratung der Geschworenen dauerte nur ungefähr eine halbe Stunde. Dann kamen sie zurück, der Obmann – Schlächtermeister – verkündigte das Verdikt. Sie hatten beide Fragen bejaht.

Darauf sprach der Vorsitzende das Todesurteil aus. Ich nahm dasselbe mit Gelassenheit entgegen und wurde ins Gefängnis zurückgeführt.

Unten im Gange standen der erste Aufseher, seine Frau und seine Tochter und sahen mir mit Spannung entgegen. „Freigesprochen?" „Nein, zum Tode verurteilt." Sie wollten es nicht glauben.

In der Zelle angelangt, legte ich mich ins Bett und versuchte einzuschlafen. Es ging natürlich nicht. Ich überdachte meine Lage und hatte die felsenfeste Überzeugung, daß dieses Fehlurteil keine endgültige Erledigung der Angelegenheit sein könne; daß alles, was bisher geschehen, nur Einleitung war; daß die Hauptsache noch kommen würde.

Inzwischen hatten draußen die Karlsruher, die mit dem Urteil unzufrieden waren, eine kleine Straßenrevolution in Szene gesetzt. Sie warfen meiner Schwägerin, als sie das Gerichtsgebäude im Wagen verließ, Steine durch die Fenster, errichteten Barrikaden und konnten nur durch ein beträchtliches Truppenaufgebot in Schach gehalten werden. Das Geschrei drang bis zu meiner Zelle herauf. *Vox populi…?*